> 为什么犹太父母在
> 子女教育上倾注如此多的真心?
>
> 因为他们知道:
> 幸福
> 虽然不能由父母来创造,
> 但不幸
> 却可以由父母造成!

犹太人成为
全球精英人物
的学习法

[韩]张化榕 著

陈品芳 译

北方联合出版传媒(集团)股份有限公司
万卷出版有限责任公司

 前言

犹太人代代相传的塔木德教育学习法

犹太人的塔木德教育学习法源远流长，它的主旨是无论孩子问什么问题、说出什么话，父母都要用心聆听、接受。这是沟通的产物，也是一种无尽的爱。

犹太人认为，只要不伤害孩子的自尊，而是试着努力说服他们，就没有不能教育的孩子。他们秉持着这样的信念，努力培养着性格各异的孩子们。

一个有自信的人，无论遭遇什么情况，都不容易感到挫败。父母在帮助子女培养自信心时，不能太过贪心，因为父母过高的期待或野心，反而会使孩子陷入绝望。

提升自信，是孩子成长中最重要的一环。父母必须了解孩子的内心，鼓励他们找到自己天生的优点，并以此培养

自信。想要达成这个目标,就要靠犹太人的塔木德教育学习法。

这种超越时间与空间,经历数千年传承下来的智慧,在他们的精神与社会中扎根,形成犹太人独特又强大的文化,也打造出今天我们所认识的犹太人。

本书从不同的角度,完整记录了犹太父母教导孩子的方式:反问"孩子,你怎么想"的平等态度;通过感同身受与支持的态度,确认家人团结一心的安息日晚餐;不和他人比较,让孩子与众不同的教育哲学;该罚时就罚、该鼓励时就给予鼓励的奖惩机制。

本书的基础是犹太人教育子女的 10 条黄金法则:

1. 学习像蜂蜜一样甜。
2. 重要的不是"比别人更好",而是"和别人不一样"。
3. 为了帮助孩子养成终身学习的习惯,要让孩子在小时候充分玩乐。

4. 比起安静聆听和专注学习，更重要的是懂得如何说话。

5. 一个缺乏智慧的人，在每一个方面都有待加强。

6. 做事时要先动脑，而不是直接采取行动。

7. 即使严厉地训诫了孩子，也要在睡觉时温柔地哄他入睡。

8. 不关心子女的教育问题，就是犯罪。

9. 父亲是子女的精神支柱，父亲不能没有假期。

10. 可以原谅曾经伤害自己的人，但不要忘记自己受到的伤害。

每个优秀的犹太人背后，都有个智慧的"犹太妈妈"。犹太妈妈不送孩子上补习班，而是为孩子介绍犹太人的历史、文化、家庭哲学、教育哲学、学习方法等。

书中有许多亲子之间的实际对话，展现了父母对孩子的理解与支持。读者可以借鉴这些案例，尝试用能提升孩子自信的方式和孩子进行对话。此外，通过父母与不同个性的子女发生冲突的案例，读者也可以学习如何接受子女真实的样子，熟悉哈柏露塔提问法，了解如何阅读《塔木德》，实践哈柏露塔。

犹太父母相信充满爱与尊重的家庭才是教育子女的根本，通过了解他们的信念与哲学，让我们一起反思自己教育孩子过程中存在的问题，并努力解决问题。

犹太民族在世界各地经历了各种考验，犹太人的能力之所以出色，或许正是因为他们在窘迫的环境中挣扎、奋斗了数千年。

聆听、包容、耐心的教育方式，烙印在他们的基因中，而且现今依然在他们身上发挥着作用。

这世界上有各种各样的教育方式，我希望本书可以帮助在学习上存在困难的孩子。

张化榕

 目录

PART 1　孩子通过学习父母的言行获得成长

帮助子女更有自信　　02
　TIPS　提升自信的对话法

恭喜你犯错了!　　09
　TIPS　自信测试

绝对不能忘本　　13
　TIPS　今天的以色列人与犹太人

家庭是充满尊重与爱的地方　　23
　TIPS　赞美妻子辛劳的安息日晚餐

父亲承担着教育子女的责任　　30
　幽默小故事　等一下　　32

犹太家庭如何打造天才　　34
　TIPS　犹太人的床边故事

学习的习惯是一辈子的资产　　　　　　40
　　TIPS 教育不只是教导，还应是帮助孩子终身学习

用《塔木德》培养子女的创意　　　　　46
　　TIPS 伟大的《塔木德》

用塔木德式对话法问问题　　　　　　　54
　　TIPS 塔木德式对话法

打造教育环境的犹太人　　　　　　　　60
　　TIPS 犹太人教育子女的10条黄金法则

犹太人都是兄弟　　　　　　　　　　　65
　　TIPS 犹太教师的选拔条件

幽默小故事　暴发户家庭与犹太家庭　　72

幽默小故事　狗　　　　　　　　　　　75

PART 2

孩子的教育是无法交付给学校的大事

重视苦难的犹太教育　　　　　　　　　78
　　TIPS 犹太哀悼日

犹太人养出的孩子很会玩　　　　　　　82
　　TIPS 从胎儿时期就开始教育

爸爸是"坚固的围栏"，妈妈是"生命之水"   89
    TIPS 犹太人的成年礼

犹太父母毫不迟疑地训谕   96

犹太父母不会轻易把孩子想要的
东西给他们   100
    TIPS 棉花糖实验

幽默小故事　协商   104

为什么犹太人被称作"立约的国民"？   105

犹太人认为世事没有正确答案   108
    TIPS 犹太植树节

幽默是最具知性的对话   113
    TIPS 犹太人的普珥节

犹太人重视隔代教育   119
    TIPS 恢复弹性研究

同理心与支持，哈柏露塔子女对话法   125
    TIPS 父母伤害孩子的话

接受孩子原本的样子   131
    TIPS 支配型母亲与子女发生冲突的案例

幽默小故事　寡妇与儿子   138

PART 3

犹太人注重培养孩子的与众不同

两人一组的对话学习法 … 142
　　TIPS 朋友教学学习法

如果无法讲解，那就是不了解 … 147
　　TIPS 学习效率金字塔

犹太人的提问学习法 … 154
　　TIPS 哈柏露塔提问法

学习与大脑的秘密，左脑与右脑 … 162
　　TIPS 水平思考理论

孩子，你怎么想？ … 171
　　TIPS 封闭式提问与开放式提问

犹太人餐桌上提升成绩的秘密 … 178
　　TIPS 奥巴马的家庭用餐时间

犹太人提升自信的哈柏露塔读书教育法 … 184
　　TIPS 用哈柏露塔阅读儿童故事《兴夫与诺夫》

培养创意想法的塔木德式提问法   194
   TIPS 犹太人的批判思考与讨论

将世界上所有的事物当作讨论的对象   199
   TIPS 犹太人的思考方式

幽默小故事   看待事情的角度   204

幽默小故事   幸运与不幸   206

PART
1

孩子通过学习父母的言行获得成长

帮助子女更有自信

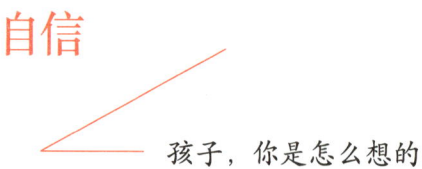

孩子，你是怎么想的？

犹太人认为，孩子是通过学习父母的言行举止来成长的。这也就表示，孩子的发展方向往往取决于父母。父母的教育对孩子人生的影响超过80%，不仅是学习，在人生观、价值观、社会性、交友关系等各方面，父母的教育都会对孩子产生决定性的影响。

有句犹太格言说："伟大的老师，会在开始学习之前与弟子分享有趣的对话。"有趣的对话为学习揭开序幕，营造轻松的学习氛围，帮助学习者敞开心胸。犹太父母和孩子一起学习知识、律法（例如《塔木德》）的时候，会接受、尊重并包容孩子自己的想法。

犹太人最常对孩子说的一句话是"你是怎么想的"。他们并不是单方面问"打扫了吗""功课都做完了吗"这类可以简单回答"是"或"不是"的问题，而是认真询问孩子的立场，以尊重的态度，了解他们的看法。

孩子可能会因为大人的一句话感到难过、失落，也可能会因一句话感到喜悦、开心并增加自信。从小经常被肯定的人，会对所有事情持有乐观的态度，而且自信心也较强。

小时候与父母的关系会在很大程度上影响一个人长大之后的自信，如果从小经常听到父母说"你怎么只能做到这样！""我就知道会这样，你就是这样的人！""不看我也知道，你不是说你会吗？"等这种类似批判性的话语，那么他成年后就可能会成为一个缺乏自信的人。

如果大人事事都采取追究、指责、严厉的态度，那么孩子也会对其他人抱有这种批判性的态度。相反，如果尊重、支持并鼓励孩子，那么孩子就会成为一个对他人亲切、满怀爱意、为他人着想的人。

犹太人会教导子女用语言来表达自己的情绪。他们认为，一个人的情绪如果被长期压抑，就有可能演变成坏习惯或是心理疾病，所以必须给孩子能够表达情绪的机会，避免负面情绪在心中累积。

此外，犹太人也被教导要倾听自己内心的声音。他们认为，倾听自己内心的声音和与别人沟通一样重要。

犹太父母不仅会听孩子说话，更会仔细观察孩子的表情且懂得尊重孩子，他们会以孩子的角度来理解这个世界，了解孩子的痛苦，也会用心向孩子表达自己的真实想法，不随便责怪孩子。各位家长可以试着用以下语言，与孩子展开一段日常闲聊，并试着在对话过程中拥抱、抚摸孩子，维护孩子的自信，让他们感受到爱。

> 有你这个孩子，妈妈真的觉得很幸福。
> 因为你，爸爸妈妈觉得很幸福。
> 有很多人都向我们称赞你呢。
> 爸爸妈妈会永远支持你。
> 你一直都很努力，这就让爸爸妈妈很开心了。

缺乏自信心的人，经常会否定、逃避现实，或是假装自己不在意，一旦发现有可能会失败，就直接选择放弃。这样的人无法顺利地与身边的人交流，遇到困难时会认为不是自己的问题，进而选择逃避。他们想要夸耀自己，希望自己独占宠爱，并会为了掩饰自己的过错而伤害他人。

相反，有自信的人相对能够承受困难，会努力解决问题，即使失误、犯错，他们也相信自己可以改正；遇到问题不会感到挫败，相信自己有解决问题的能力；假使自己做的事情出错，他们也不会对自己感到失望或沮丧。

从肯定自我的角度来看，自尊与自信有共通点，但二者的不同之处也很明显。自尊其实是源自与他人的竞争，如果失败，对自己的信任就可能会遭遇挫折。但自信的人有坚定的信念，即使犯了错，他们仍然可以接受犯错的自己。这就是两者最大的差异。韩国最出名的脑科学家、首尔大学的徐维宪教授曾发布过一个临床研究成果，他认为，当我们用乐观的心态看待事情时，大脑便会创造出能够解决问题的全新思路。

让我们一起看看家长与孩子在尊重、鼓励、包容的氛围下分享意见的范例吧。

> 妈妈：在雨，作业写好了吗？
> 在雨：还没有，我还没写。
> 妈妈：为什么？你在忙什么？
> 在雨：从学校回来以后玩了一会儿，我想吃完晚餐后再写作业。
> 妈妈：好的，那你会不会觉得累？
> 在雨：不要担心，我写得完。

（孩子说吃完晚餐要写作业，但把书摊开之后，却在书桌前打瞌睡。）

妈妈：在雨，如果想睡就去睡吧。
在雨：不行，我还要写作业。
妈妈：你真棒，这么努力，妈妈看了很开心。

（在雨又不停地打瞌睡，过了约20分钟。）

在雨：妈妈，我好困，撑不住了。
妈妈：好，你应该很累吧，但作业没写完怎么办？
在雨：妈妈，我今天好像花太多时间去玩了，我会诚实地向老师说这件事，下次我会先写作业再开始玩。
妈妈：你的想法很好，快去睡吧。

妈妈并没有责骂没能把作业写完的在雨，而是尊重他的想法，培养他的自信心。虽然当天在雨并没有把作业全部写完，但他懂得反省自己的行为，且下定决心未来要为自己的行为负责。

TIPS 提升自信的对话法

自信心强的人	缺乏自信的人
☞ 问题太困难，找不到答案的时候	
会诚实地说自己不知道答案，且会专心听正确答案。如果不懂，也会深入了解细节，并问更多的问题。	会因为自己不知道答案而失望，或谎称自己的答案就是正确答案。
☞ 与朋友意见不同的时候	
会与朋友一起讨论要玩什么，并找出彼此都可以接受的方案。	会很容易接受朋友的意见，或是继续坚持玩自己想玩的，如果朋友不配合，就再也不想与那个朋友玩了。
☞ 即将上台演出时	
虽然会担心，但会持续练习，针对不懂的部分提出疑问，让演出更加完美。	演出之前会很担心，进而导致自己身体不适或干脆不练习，也有可能对此根本不当一回事。

培养孩子自信心的话语

1. 反馈（与孩子感同身受）

"我能懂你的感受。"

2. 鼓励（专注在孩子身上，尊重孩子的想法）

"可以告诉我发生什么事了吗？"

"所以你打算怎么做？"

3. 认同（认同孩子的情绪，给予正面支持）

"我和你有一样的感觉，我也有过很多这种经历。"

4. 选择与改变（不要随便给建议，相信孩子的洞察力）

"有没有可以解决的方法呢？"

5. 接受与包容（称赞孩子愿意分享情绪的行为）

"谢谢你把这些事情告诉我。"

如果能像以上建议的这样，让孩子在日常生活中获得父母的支持与包容，进而培养出足够的自信心，那么他们面对事情的态度，就会和缺乏自信心的孩子不同。

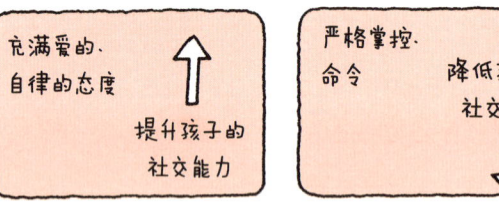

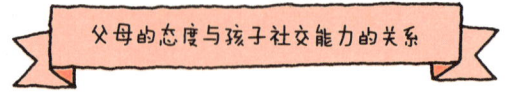

恭喜你
犯错了!

——累积失败的经验,
才能享受充满挑战的人生

人的自信心并非出生时就有,而是在成长过程中,通过与大人和周围环境的互动培养出来的。

犹太人了解父母对培养孩子自信心的影响深远,因此会耐心对待孩子,包容孩子的情绪。也就是说,他们承认并接受,无论父母还是孩子,都会因为不同的情绪与想法,做出不同的行为,所以不应该责骂因为情绪和大人不一致而吵闹耍赖的孩子。

举例来说,如果孩子放学回家后不写作业只顾着玩,犹太父母不会责骂他们,而是用"孩子应该是想先休息一下再写作业"的态度去接受这种行为。犹太人认为,只要父母接受、了解孩子的情绪，孩子就会感动，从而努力做出更好的行为让父母开心。

如果孩子做了错事，犹太父母会认为这是成长过程中很平常的事，所以当孩子犯错时，他们会一边拍手叫好，一边说："恭喜你犯错了。"

犹太父母即使看到孩子失败，也不会觉得丢脸，反而会认为失败对孩子的人生更有帮助。他们认为，孩子只有累积失败的经验，才能享受充满挑战的人生，同时也会以此来鼓励、等待孩子成长，希望培养出有自信的孩子。

犹太人认为自己能送给孩子最好的礼物，就是为他们种下自信的种子，所以父母会仔细观察孩子的喜好，帮助缺乏自信的孩子提升信心。

培养孩子自信心的重点，就在于尊重他的决定权。犹太小孩儿会被给予适当的机会，自己行使决定权。比如说全家人一起大扫除时，就会提供"垃圾分类、擦鞋子、擦窗户这三个，你想做哪一个"的选择机会。渐渐地，孩子在未来需要做决定时就不会遇到困难。

人的自信心在出生时像一张白纸，在与大人互动等环境因素的影响下，逐渐增强或减弱。而8岁以前是培养自信心的关键时期，同时这段时期所形成的自信，也会成为左右幸福的关键。

与父母之间的依附关系，对孩子的自信心有着极大的影响。孩子如果能通过与大人互动相信自己是一个很重要的、很值得被爱的人，那孩子的自信心就会增加。

相反，如果与父母之间的依附关系充斥着不安全感，孩子就会自信心不足，不喜欢肢体接触。在这种情况下，试着抚摸他们的脸或握他们的手，他们会刻意拉开距离，同时也会变得不像刚出生时那样喜欢坦率表达自己的情绪。如果遇到这种情况，就必须让孩子对父母重新产生信赖感，以维持亲子关系的稳定。

TIPS 自信测试

让我们来看看美国心理学家马歇尔·卢森堡的自信心测试。

1. 我认为自己是有价值的人。
2. 我做决定时不会遇到任何困难。
3. 我有很多优点。
4. 我的表现不输于其他人。
5. 我是个幸福的人。
6. 我很了解自己。
7. 我不会随便放弃自己。
8. 有很多人喜欢我。
9. 我对自己持有正面、乐观的态度。
10. 我很满意现在的工作。

回答"完全不符合"得1分,回答"还算符合"得2分,回答"大致符合"得3分,回答"完全符合"得4分,请做出选择并计算分数。

总分为10～19分代表自信心较缺乏,20～29分代表自信心一般,30分以上代表自信心较强。但这些问题并不是评价自信程度的绝对标准,仅可作为参考。

绝对不能忘本

犹太民族 5000 年的苦难历史，可以原谅但不能遗忘

一旦以色列发生战争，就会有大批的犹太青年从各地奔向以色列，人数之多甚至可以使美国的主要机场瘫痪。1967年，以色列与邻近的阿拉伯国家发生战争，身处国外的年轻犹太人开始排队准备回到以色列。犹太人能深刻体会到祖先世世代代居无定所的悲惨与痛苦，所以才愿意挺身而出保卫国家。今天犹太人占全世界总人口的 0.3%，散居在包括以色列在内的全球各地；以色列国土面积约 2.5 万平方千米，人口约 932 万（其中犹太人约 689 万）；国民当中约 80% 的人信仰犹太教，另外约 16% 的人信仰基督教。

今天的以色列国民，原本分散在全球 130 多个国家，后

来才移居以色列,所以国内同时使用的语言超过80种。在以色列,同样是犹太人,也可能有肤色和语言的差异,他们独特的文化就像韩式拌饭[1]一样。事实上,如果犹太民族不曾遭遇特殊的考验与苦难,或许以色列早就消失了。

像犹太人这样将整个民族的心愿写成历史的国家并不多,犹太民族的历史从亚伯拉罕开始。亚伯拉罕的父亲他拉在从美索不达米亚的乌尔(Ur,在今伊拉克南部)去往迦南的途中死亡,此后亚伯拉罕便移居到了迦南这块土地。迦南原本的居民,将亚伯拉罕这一群外来客称为"希伯来人",意思是"跨越幼发拉底河之人"。

后来,亚伯拉罕生下了以撒,以撒生下了以扫与雅各,雅各则生下了12孩子。这些孩子为了躲避贫穷与饥荒,离开家乡寻找生存之处,最后抵达现今埃及这块土地,但在那里他们成了埃及人的奴隶。

经过漫长的奴隶生活后,犹太人在摩西的带领下逃出埃及回到迦南。犹太人的第一个国王叫扫罗王,在经历大卫王时期的领土扩张、所罗门王的统治后,犹太人终于迎来了全盛时期,但国家分裂成了南北两个部分。

---

[1] 又称石锅拌饭,制作时所用材料很多,包括鸡蛋、米饭、胡萝卜、黄豆芽、青椒、白菜等。

犹太民族分裂成南国与北国之后，北国以色列遭到亚述帝国入侵而灭亡，南国犹大王国则被巴比伦征服，举国上下都成了巴比伦的俘虏。犹大王国国民成为俘虏被带到巴比伦这件事，史称"巴比伦囚虏"。

成为俘虏的犹大王国国民在拉比[1]的带领之下，形成了一个坚守信仰与习惯、彻底实践戒律的共同体。公元 70 年，罗马军队包围耶路撒冷，军队所到之处都执行焦土政策，将占领的地方烧个精光，因此耶路撒冷陷入火海。这时身为拉比的约哈南·本·萨卡（Johanan ben Zakai）下定决心，即便耶路撒冷遭到毁灭，也要保全犹太民族不灭亡，于是他不断找机会与罗马将军会面。

但整座城完全被罗马军队包围，没有人可以出入，最后他只好放出自己病危的消息，几天之后再放出自己去世的消息，而他本人则躺在棺木中离开耶路撒冷。即使是罗马军队，也不可能阻止犹太人将亡者送往墓地。

离开耶路撒冷之后，约哈南·本·萨卡前去与罗马将军韦帕芗（拉丁语：Titus Flavius Caesar Vespasianus Augustus）见面，见到罗马将军之后，他立刻下跪大喊"皇帝陛下"。当时还是指挥官的韦帕芗大吃一惊，便问为什么要喊他皇帝陛下。

---

[1] 犹太人中接受过正规犹太教育的一个特别阶层，是老师、智者的象征。

这时传令兵刚好急忙跑进来，传来罗马皇帝已死，元老院将指挥官韦帕芗选为皇帝的消息，这位新任皇帝心情大好，便答应约哈南·本·萨卡，会满足他一个愿望。

约哈南·本·萨卡于是请求他，不要烧毁小城亚夫内（Yavne，在今以色列西部）里的书籍。因为他相信，即使现在耶路撒冷成为罗马的殖民地，但只要保留它们，总有一天犹太人能东山再起，犹太民族将通过教育存活下来。而正如约哈南·本·萨卡所预想的那样，犹太民族得以存续至今的原因就是教育。

公元73年，犹太民族最后一座堡垒陷落，罗马军队破坏了耶路撒冷的圣殿，犹太人被迫离开故乡，成为四处漂泊的异乡人。

在各国之间漂泊、四处寻找落脚之处的过程中，犹太人也遭受到其他民族的严重歧视。此后2000多年，犹太人散落在世界各地，过着流散的生活。

犹太人骄傲地相信犹太民族是智慧的民族，他们秉持着自己的信仰，在这些考验与苦难当中变得更加坚强。

事实上，犹太民族在亚伯拉罕之后约4000年的时间中，国家的历史不过500多年而已。除了第一代国王扫罗王到南国犹大王国灭亡这段时间之外，他们不是被带到其他地方成为俘虏，就是被其他国家殖民，后来更是失去国家，流离失所。

许多犹太人流散在俄国、波兰等东欧地区遭受迫害，之后又移居美国等地。第二次世界大战时，在希特勒独裁统治下的德国对犹太人实施了种族清洗，史称"犹太人大屠杀"。战争与屠杀，成了犹太人复建以色列的最大动力。

犹太人的执着，从他们渴望回到祖先亚伯拉罕曾居住的迦南便略知一二。犹太人在全球各地漂泊时，始终相信唯一能够让他们落脚的家乡便是迦南。

过去征服了犹太人，居住在迦南的古希腊、古罗马帝国，都已经消失在历史的洪流之中，唯有犹太人跨越时空重回故地。

犹太人从来不曾放弃回到最初的家园，也就是巴勒斯坦的耶路撒冷。最终在1948年，流散于世界各地的犹太人在祖先曾居住过的迦南重新建立起了以色列这个国家。

《塔木德》教导犹太人"贫穷是一种罪恶"。从历史上来看，犹太民族曾经是身无分文且被驱赶的异乡人，所以律法中也教导人民：金钱是最重要的。因此，犹太人从小就知道金钱的珍贵。

对没有国家、流散于世界各地的犹太人来说，唯有金钱是最能保护自己的"武器"，所以他们关于金钱的认知与其他民族大不相同。当孩子渴望拥有一样东西时，犹太母亲会让孩子等上一个星期；如果过了一个星期孩子还是很想要，那就再等一个星期；如果这样孩子还是很想要，她会让孩子再等一个星期，然后才买下来。这是为了让孩子明白，如果没有钱，无论如何渴望，都无法拥有那样东西。

犹太母亲会这样问孩子：

没有钱会多么不幸呢？
另外，有钱的话又可以做多少好事呢？

犹太母亲对孩子教导严格，但这种严格仅仅是作为一种原则，是为了帮助孩子建立正确的价值观，这是在补习班学不到的。

犹太人从小就知道许多与上述两个问题相关的故事，所以他们很自然地产生了金钱观念。犹太父母不是只教孩子怎么赚钱，他们还会教育孩子不要成为金钱的奴隶，而且赚了钱之后一定要行善。这是犹太人在孩子还很小的时候，便教导给他们的理念。

犹太裔石油大王洛克菲勒在世的时候，就对儿子与孙子进行严格的金钱教育。他的孙子，担任过曼哈顿银行总裁的大卫·洛克菲勒，曾骄傲地分享了祖父老洛克菲勒是如何教导他的金钱观念的。

大卫小时候，老洛克菲勒每个星期都会给他25美分当零用钱。发零用钱的时候，爷爷一定会提醒他要遵守两个条件：第一，拿零用钱的10%做"十一奉献"。第二，再拿10%捐给慈善事业。

到了周末，孙子要和爷爷一起检视零用钱的使用明细。如果使用方式正确，每周的零用钱就会增加5美分；如果使用方式不正确，便会减少5美分。

或许正是因为这样的教育，犹太富豪中热衷慈善事业的比例非常高。洛克菲勒家族如此，欧洲名门罗斯柴尔德家族也是如此，金融巨子乔治·索罗斯与比尔·盖茨更是如此。

犹太人在日常生活中严格实践律法。他们曾经遭遇迫害与考验，被迫流离失所，遭受歧视，没有一块可以安居乐业的土地，这种痛苦帮助他们发展出了实用主义。

在面临危急存亡的问题时，他们必须不顾一切地相信自己；他们认为人生短暂，为了活下去必须做点什么，同时也将这样的观念教给子女。这或许就是他们国家强大的原因。

德国称犹太人为"空气人"，这是形容他们像空气一样轻盈，个性圆融又坚强，可以很快融入任何地方，无论怎样都可以活下来。

犹太人戴犹太帽（Kippah）的原因非常特殊。据说他们觉得，自己不知道何时又会被赶出这块土地，所以总是戴着帽子，做好随时离开的准备。

因为以色列是犹太人撑过苦难、在逆境中坚守下来的国家，所以只要有机会，犹太人便会叮嘱子女不要忘记民族过去的困境，也教导子女可以原谅迫害自己的人，但绝对不能遗忘曾被迫害的历史。犹太人竟然会教导子女原谅曾经迫害自己的人，他们的心智力量究竟从何而来，这是我们需要仔细思考的。

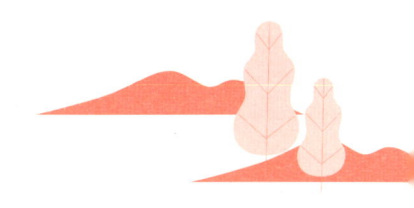

TIPS 今天的以色列人与犹太人

说到犹太人，我们很容易想到以色列，但犹太人并不完全等同于以色列人，以色列不只有犹太人，还有许多阿拉伯人。

现在以色列的犹太人，分为传统派和改革派。传统派严格信奉律法与戒律；改革派尊重传统与习俗，但他们的律法配合现代生活，更具有弹性。

传统派在犹太教堂以希伯来文举行仪式，且以性别区分座位，女性无法当上拉比。他们的生活遵守传统习俗、安息日与律法等规范。

相反，改革派不穿传统服饰，而是穿着较轻便的衣服；他们主张男女平等，女性也可以成为拉比；进入教堂时会戴着遮蔽头顶的犹太帽，在教堂里也可以演奏乐器。改革派是以比传统派更现代的观点来看待文化与信仰的。

这两者之间也有较偏向中间路线的保守派。保守派认为，要配合现代制度来解读犹太文化，但同时也主张在教堂里必须遵守传统规范。

总之，犹太人遵循传统与律法的程度虽然有差异，但确实是一个共同体。

一般来说，犹太人是依循母系血统，如果母亲是犹太人，那就会被承认是犹太人；他们长期在其他国家与各民族通婚混血，所以才会以母系血统来作为判断的依据。重视教育的犹太人认为，母亲的角色不容取代，所以判断一个人是否为犹太人的标准，就看他的母亲是否为犹太人。这就表示，如果没有接受犹太母亲的教育，就不能称为犹太人。

家庭是充满
尊重与爱的地方

——为什么犹太人的离婚率世界最低？

犹太人认为，男人如果没有妻子就不会幸福，也无法获得上帝的祝福，更无法累积善行。他们还认为，如果不结婚，就无法尽到人的义务。

犹太人结婚时，新郎必须大声朗读名为"Ketubah（婚礼合同）"的婚姻协议。婚姻协议是按照犹太律法所写的，内容为：丈夫必须爱护妻子，大部分的财产都属于妻子。

Ketubah 最特别的地方，就在于明确写出若两人离婚，丈夫应该付给妻子多少赡养费，以及结婚时妻子需带多少财产嫁过去。

婚姻协议不仅具有法律效力，甚至在借钱的时候还能当作担保文件。传承数千年的 Ketubah 不仅能保护婚姻的权威，也是保障女性财产权与经济权的证明。

古代社会大多不尊重女性的权利，丈夫可以轻易赶走妻子。但犹太人不能这么做，因为如果丈夫与妻子离婚，或是想把妻子赶出去，就必须依照婚姻协议付给妻子规定金额的财产。此外，婚姻协议也规定了：如果没有妻子的同意，丈夫不得单方面离婚。

对犹太人来说，结婚这件事具有重大的意义，无论男女，单身都会被认为是不幸的。他们认为，结婚生子是对上帝尽的义务，孩子出生之后，为了犹太民族的存续，必须努力为孩子提供好的教育，把孩子培养成优秀的人。

犹太父亲负责子女教育并且主掌安息日[1]。安息日不仅能加强家人之间的联结，更能加深夫妻间的关系，到了安息日，所有工作都必须停下，并以家族为单位休息。

犹太人借安息日守护家庭。他们认为家庭成员的关系非常紧密，所以家庭这个概念一点也不抽象，他们并不是在家庭中学习爱、学习为他人着想，而是在家庭中感受爱、感受为他人着想，也就是说他们用全身心去感受家庭的温

---

1 希伯来文原意是"休息""停止工作"，是犹太人的主要节日之一。

暖。对他们来说，家庭是尊重教育、充满爱与温情的地方。犹太人的家中会放满各式各样的书籍，并总是以书籍中的内容展开对话。

虽然犹太人经常被其他民族看成是外地人，遭受歧视与压迫，过去往往只能居住在专门的犹太区（Ghetto），但他们将犹太聚集区视为自己的安居之地，在那里，他们会为彼此奉献，所有人都是兄弟姐妹，是过着幸福生活的共同体。

犹太人是世界上离婚率最低的民族，他们通过一个星期一次的安息日，为彼此提供情绪上的支持与安慰。他们认为，组织家庭、生养子女是必须要做的事。

他们认为，人类在这个世界上唯一能创造的东西就是孩子，所以应该多生孩子，好好养育孩子。他们必须将犹太文化与价值观传承给子女，所以他们会努力成为好父母。犹太人结婚后必须去上父母课，生孩子之前则必须熟悉育儿方法，做好成为父母的准备。

如果妻子怀孕，夫妻就会积极接受与育儿相关的教育，产妇也会以喜悦的心情进行胎教。

犹太人的胎教很独特，就是让胎儿听所罗门王的箴言。在胎教过程中，他们会往存钱罐里投钱币，生产后便以孩子的名义捐赠给需要的机构。

犹太人极少和不同信仰、不同教育观念的人结婚，也很难与价值观不同的人一起生活。

犹太民族的根就在家庭，家庭的根则在夫妻。犹太人认为，组织家庭一起生活，是维系这个世界的根本，也是第一要务，所以他们格外爱护家人。

犹太人的安息日晚餐，是打造和睦家庭的秘诀。他们借安息日，让全家人每个星期都有相聚、疗愈的时间，全家人聚在一起，享用精心准备的餐点，彼此安慰、支持对方。在安息日，丈夫会唱赞扬妻子的歌曲，而妻子也不忘让孩子感谢父亲的辛劳，孩子会遵照母亲的教导，在用餐之前对父亲大声说"谢谢"。父亲还会依序将手放在孩子的头上祷告，祷告的内容多是"你的存在就是爸妈最大的喜悦"，以此来表达对孩子的尊重与祝福。

犹太父亲拥有绝对的权威，所以即使是喝水也要父亲先喝，父亲坐的位置也不一样。而在家中，提高父亲权威的人正是母亲。

祖先代代坚守的律法与戒律中，详细地记录了日常生活的准则，《塔木德》也教导犹太人"丈夫不能让妻子哭，上帝会去数妻子的每一滴眼泪"。

所以，犹太丈夫从不吝惜对妻子情绪的关心，他们不会从自己的角度来看待事情，而是努力了解妻子的想法，找出妻子内在的需求，并且真诚地理解这些需求，以获取妻子的欢心。犹太人的离婚率之所以世界最低,肯定有这个原因。

犹太人和韩国人都重视家庭这个共同体,但相较于犹太父母,韩国父母不熟悉爱子女、与子女对话的方法,犹太父母则会亲自负责子女的教育,同时让孩子在情绪上获得充分的满足。

在犹太家庭中,像支柱一样的父亲可以稳定孩子的情绪,也能让孩子专心读书,而孩子会把父亲当成榜样,健康、正向地长大。犹太人相信,在充满爱的环境下长大的孩子不会学坏,即使孩子没有读过书,他也会走出自己的路。

精神分析学家弗洛伊德曾说过,他之所以能够成为一个伟大的人,"是因为母亲相信我"。《塔木德》说:"妻子就是丈夫的归属。"这表示男人如果没有妻子,便无处可去、无法安定。犹太丈夫总是以"家庭"来形容自己的妻子,对他们来说,妻子和母亲就代表家庭。犹太男性认为,如果需要一笔钱去娶一个好妻子,那他们为了筹钱甚至愿意将最珍贵的东西卖掉。因为他们知道,如果想拥有幸福的生活,最重要的是有一位好妻子,好妻子能够让家庭和睦,引导子女走上正途。

TIPS 赞美妻子辛劳的安息日晚餐

犹太人遵守安息日的传统，这天他们不会和人有约，在远方的家人也会特地回家。

安息日最不可或缺的就是餐桌上的花与蜡烛。即使在纳粹政权之下，犹太人依然遵守安息日晚餐的传统。安息日成了一个家庭回顾一周生活、分享对话、支持并鼓励彼此的时间。

为了准备安息日晚餐，他们会在星期五日落前把家里打扫干净，把身体洗干净，换上干净的服装。母亲做完饭后，要在日落之前将家中的蜡烛点上，家人带着愉快的心情祝福彼此"度过一个美好的安息日"。然后全家人一起去教堂，和社区里的人一起祷告，回家后便开始享用安息日晚餐。

晚餐前，全家人围绕在餐桌旁边合唱安息日歌曲，父亲还会和孩子合唱歌曲赞美母亲的辛劳，然后依照顺序，将双手放在子女头上给予他们祝福。

父亲坐下之后，会将辫子面包切开分给所有家人，这时家人会对父亲表达感谢；用餐过程中，全家人会一起演唱几首让安息日更加欢快的歌曲，接着再将钱币投入用于捐献的存钱罐里。

在安息日，全家人会一起准备餐点，一起整理居家环境，轻松愉快地一边用餐一边交谈，直到夜幕低垂。他们会坐在固定的位置，表达对彼此的关怀，说出来的话都是正向、乐观的称赞与鼓励，即使孩子失误或犯错，父母也绝对不会生气或责骂他们。

父亲承担着
教育子女的责任

——父亲就是最好的老师

在希伯来语中,父亲这个词有"教育者、引导者、保护者"的意思。犹太人认为,父亲就是教育者,他们不会将子女的教育完全交付给学校或补习班老师。

犹太人认为教育的责任是在父母身上,教育子女这件事是不能怠惰的。

他们认为教导子女就像在石头、树木上刻字一样,要重复教导直到他们了解为止。"教导"在希伯来文中则具有"使其更加敏锐""反复"等意思,这代表着要通过教导使子女透彻学习,帮助他们学习。

希伯来文中的"谈论"一词,意思是讨论特定的事物,分享特定的事物。也就是说,通过问题学习对话、讨论、辩论的方法,这就是与同伴对话、提问、讨论的教育方式——哈柏露塔(Havruta)。

哈柏露塔是两个人一组,彼此对话、讨论、辩论的教育方式。在犹太家庭里,父亲和儿子会结伴一起学习《塔木德》,一个人提问,另一个人回答。如果有不明白的地方,或其中一人的思想不完整时,另一个人就可以指出问题。这并不是刻意挑对方的语病或是找机会斗嘴,而是以逻辑为依据,展开一场辩论。

将哈柏露塔学习法传授给子女,是父亲需要负起的责任。孩子开始学说话时,父亲就会引导孩子学习犹太人的传统文化与行为规范。犹太人的子女教育并不是由老师或拉比负责,而是由父亲负责。

在国家灭亡,流离失所,连能做礼拜的教堂都没有时,犹太人都是在自己的家中完成礼拜,父亲成为拉比,主持安息日礼拜和晚餐,并身兼教育子女的责任。所以即便他们长时间流散各地,仍然能够坚守犹太民族的自我认同。

犹太父亲会将自己所知道的一切传授给孩子,但不会因为自己不知道,就要孩子到教堂或学校去学。如果父亲有不明白的事情,他们会亲自学习之后再教导子女。在犹太家庭中,父亲有专用的书桌,当子女有不懂的事情来询问时,父亲就必须教导他们,所以犹太人最重要的老师不是别人,而是父亲。

幽默小故事

等一下

一个贫穷的人一边在森林里散步,一边和神对话。

他问神:"神啊,100万年对神来说是什么呢?"

神回答:"对我来说,100万年的时间就像等一下。"

他又问:"那1000万美元对神来说是什么呢?"

神回答:"对我来说,1000万美元的价值还比不过1美元。"

他听完神所说的话之后,便鼓起勇气提出自己的请求。

"那么神啊,能不能请您赐给我 1000 万美元呢?"

神很快答应了这个请求:"等一下给你!"

> 对犹太人来说,"某一天"不存在于星期一、二、三、四、五、六、日当中,"总有一天"是绝对不会来的那一天。要收获,就要先栽种。为何我们即使明白这个真理,却仍无法实践呢?请不要心存侥幸!

犹太家庭如何打造天才

——犹太人的家庭教育观念

历史上,犹太人曾经流离失所,被各国驱赶,要不然就是被强制安顿在犹太人聚集区内。可是,颠沛流离、无法好好接受教育的犹太人,却有不少是思想家、艺术家、科学家、哲学家,向世人展现他们的存在。过去连块土地都无法自由掌控的犹太人,究竟有什么成功的秘诀?

我们或许能从犹太人优秀的教育系统中找出答案。不过从某个角度来看,犹太人的教育,其实非常平凡。

犹太人的教育是结合知识与人性的素质教育,这和我们的教育并没有什么不同。要说差异,那就是他们会非常彻底地实现这个教育理念。

犹太人数千年如一日地实践着祖先传承下来的律法,以对话与讨论、提问与回答的方式教育孩子,这正是犹太人教育力量的来源。

犹太父母的家庭教育非常彻底。他们相信,即使教堂和学校都被破坏了,只要有家庭就有教育。他们透过历史,体会到家庭教育的力量。家庭会教导孩子感谢、重视自己的家人,也是帮助孩子养成习惯、塑造品性的最佳场域。父母不吝惜鼓励、支持子女,子女也会表达对父母的感激。

对犹太人来说,安息日晚餐就是非常重要的教育场合。当被异族入侵、教堂遭到破坏时,犹太人还能够维持他们的传统,就是安息日晚餐发挥了力量。

星巴克前执行总裁吉姆·唐纳德(Jim Donald)曾说过,和家人一起用餐、和母亲对话,都给他的人生带来极大的影响。美国总统肯尼迪也曾说过,和家人一起用餐、对话、讨论政治,给他带来很大的帮助,他在家庭中学会倾听对方的意见、阐述个人意见的技巧,并获得说服他人的力量。

犹太人的教育方式非常独特。他们会让孩子在小学入学典礼当天,吃下涂抹蜂蜜的字母饼干,借这样的方式体会学习的甜美,而教学课程以及与日常生活相关的教养课程,则帮助孩子们学习许多实用知识。

他们以寓教于乐的方式取代填鸭式教育。比起教导音乐理论，他们更愿意让孩子直接聆听钢琴演奏，体会"音"的不同；他们会让孩子通过玩泥巴来了解泥土的性质，会让孩子一边做菜一边学习数学概念，也会通过有趣的猜谜游戏帮助孩子思考学习。犹太父母懂得接受孩子的与众不同，耐心等待孩子慢慢长大，他们不会送孩子去补习班，因为他们知道，教育需要巨大的包容心与无尽的等待。毕加索小时候是个连字母都学不会的"超级低能儿"，还因此辍学，但毕加索的父亲鼓励他说："你如果去当军人，就会成为将军；如果去当神父，就会成为教宗。"

爱因斯坦很早就被老师认为是个没办法教的孩子，但爱因斯坦的母亲说："不用担心，你不需要和别人一样。"接着便开始教儿子学小提琴，还对周围亲友说："我的孩子什么都做得到，爱因斯坦一定会证明我是对的。"她就这样来鼓励孩子。

6岁开始学小提琴的爱因斯坦，花了7年时间理解了莫扎特作品里的数学结构。如果爱因斯坦的母亲没有等待他成长，那么人类的生活将会有怎样的改变？

阅读知名人士的传记，会发现他们经常提到幼年时期或青年时期，父母、老师或身边人的一句话，改变了他们的人生。

让我们来看看带领英国赢得第二次世界大战的丘吉尔。

在他声望最高时，有个报社做了一个很有趣的调查，记者将教过丘吉尔的老师从幼儿园到军校时期都列出来，要丘吉尔从中选出对他影响最大的老师。丘吉尔却说："记者先生，你这份名单里面漏掉了一位最重要的老师。"

记者很惊讶地问他是谁，丘吉尔回答："我的母亲！"

他透露，因为有母亲的教导，他才能成为英国首相。

犹太人的成功秘诀无法简化成一两点，但他们独特的教育方式，帮助他们不断创造成功神话。他们将安息日晚餐当成一段疗愈的时光，全家人聚在一起，给予彼此支持、鼓励与活下去的力量。犹太人的"床边故事"文化，也改变了他们的生活。

TIPS 犹太人的床边故事

犹太父母无论白天怎么忙,都有绝对不会忘记的事情,那就是在孩子入睡之前给他们读故事,入睡之前是孩子与父母交流的魔法时光。

犹太母亲会在床边,读犹太民族的智慧之书《塔木德》或童话给孩子听,她们不会把有趣的故事一次性读完,而是每天读一点点,让孩子在睡着之前想象接下来的故事发展。亲子之间会有一段这样的对话:

母亲:坏人抓走了美丽的公主,对吧?
孩子:公主被坏人抓走了吗?
母亲:你想想看,公主会怎么样呢?

在与孩子对话时,她们不会使用命令的口吻,也不会提出只有一个答案的问题。孩子从学校回来之后,如果听到"去把衣服脱了!""去吃饭!""去写作业!"这种命令的话语,也会觉得害怕。我们可以试着用问句引导孩子,比如,用"你是什么时候穿上这件衣服的"代替"去把衣服脱了",以问句来引导孩子说出"那我去把衣服换掉"的回答。当孩子提问的时候,也不要马上回答,而是用"你怎么想的"来反问,这样才能给孩子思考的机会。

犹太人只要想到父母会在床边读故事给他们听,就会感到非常温馨。听着大卫与巨人歌利亚[1]的故事和伟人传记,孩子就会慢慢走进想象的世界。电影导演史蒂文·斯皮尔伯格曾经透露,他创作一部电影的想象力来源就是小时候与父母共度的床边故事时光。

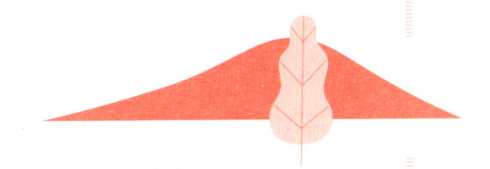

---

1 歌利亚是传说中的著名巨人之一,非利士人的首席战士,身材高大,有无穷的力量,所有人看到他都会退避三舍,不敢应战。

学习的习惯是
一辈子的资产

—— 对犹太人来说，
唯一的财产就是知识与智慧

犹太民族被称为"书的民族"。《塔木德》教导他们"可以拒绝借钱给别人，但不能拒绝借书给别人"，所以大部分犹太人家里都有很多书，也有一个很大的书房。他们认为，家中如果没有书，就相当于没有灵魂。

他们一辈子都与书本为伍，研究、思索书中的内容，所以犹太人中作家辈出。有句话说，每9个犹太人中就有1个是作家。

犹太人早晨上班前读《塔木德》，傍晚下班后也读《塔木德》，安息日也会花好几个小时专注读《塔木德》。他们计划每日读一页《塔木德》。

即便每日这样勤劳地阅读，全部读完《塔木德》也要花上 7 年多的时间。

他们每读完一次《塔木德》，就会召集亲朋好友聚在一起开庆祝派对，他们把对学问的热情当成最大的骄傲。有一句犹太谚语是这样说的："花 20 年学的东西，只要花 2 年就能忘记。"这句话告诉我们，人一辈子都不能离开书本。犹太人不会称别人为"贤人"，在他们的观念中只有"不断学习的人"。

他们认为，人只有"学习的人"与"不学习的人"之分，如果再夸张一点，甚至可以将"不学习的人"理解成不是人。

犹太人认为，如果父亲无知，那么子女肯定也很无知，所以他们才会勤于学习，并瞧不起那些无知的人。

"即使散尽家财，也一定要让子女受教育，让他们懂得读写"，这是犹太民族世代传承的训诫。

有句犹太格言是这样说的："没有知识的人一无所有，没有智慧的人也一无所有。"对犹太人来说，唯一的财产就是知识与智慧。

下面这个小故事，可以帮助我们了解学习《塔木德》的重要性。

一群大富豪与一位拉比乘坐同一艘满载金银财宝的船，

富豪们不断比较财产的多寡，炫耀自己比对方更加富有。这时拉比悠悠说道："这里最富有的人不是你们而是我，但我没办法在这里让你们看到我的财富。"

不久后这艘船遭遇了台风，一个大浪扑上来，将富豪们拥有的金银财宝全部卷走了，此时，富豪们终于理解了拉比所说的话。

这就是犹太人重视知识与智慧的思考方式。

犹太人认为，学习是从出生到死亡的终身课题，所以他们会让子女在幼年时期尽情地玩乐，这样在面对学习时，就不会焦躁不安。

为了让孩子懂得学习是如蜂蜜一般甜的事情，他们会让孩子用手指蘸蜂蜜学写希伯来字母，写完22个字母，孩子就可以把手指上的蜂蜜吃掉。这是为了让孩子从小就自然地熟悉学习这件事，体会到学习如蜂蜜般甜。

犹太人一生最大的目标就是做好子女教育。他们会慢慢开阔孩子的知识面和视野，使孩子在成长阶段不会对学习感到厌烦；他们会帮助孩子自然地接触知识，培养孩子的好奇心，让孩子体会到学习是有趣且快乐的事。

犹太人会让孩子在大自然中尽情学习，因为即使不教，孩子也会不断提出与这个世界有关的问题，这时他们就会耐心地以对话的方式带领孩子学习。他们会让孩子聆听草丛中昆虫的声音以感受大自然的乐趣，会让孩子借着与朋友一起抓鱼、玩捉迷藏来学习人际互动的方式。

对犹太人来说，学习就是最大的乐趣。他们凭借自我学习、领悟，增长了智慧，拓展了视野，而不会以"长大之后要当医生"这种方式来限制子女的未来。他们虽然鼓励学习与钻研学问，但不会强迫孩子为了当医生而读书。

孩子的未来选择，与孩子自己的幸福息息相关，所以如果孩子说想要学钢琴、小提琴，他们就会尽可能让孩子去学，并教导孩子想做就要做到最好，不想做就干脆不要做。

一辈子都乐于学习的犹太人，就是凭借学习文化知识、思考的力量，累积了上百亿、上千亿的财富。

犹太人有个很独特的传统，那就是结婚之后的第一年里，丈夫可以用一整年的时间学习《塔木德》，这段时间可以不工作赚钱，国家会给予补助。这是因为在犹太家庭里，父亲要负责教导《塔木德》。他们提倡终身学习，国家还设立了"父亲学校"。

犹太父亲在家中有绝对的权威，在犹太家庭中，子女不能随便坐父亲的位置。父亲不仅负责子女的教育，也肩负着支持妻子、鼓励孩子、带领整个家庭的责任。父亲的权威，就是子女的精神支柱。

基辛格就是将父亲当成人生典范来学习,最终取得了非凡的成就。基辛格是第一位担任美国国务卿的犹太裔人士,他在自传中透露,他从小就和父亲一起学习,他的父亲在德国一所女子高中担任校长,在他们所居住的房子中,有5个房间都塞满了各式各样的书籍。

他说自己从小就看着父亲学习的样子,这也带领他走进学问的世界,并成为他深入学习欧洲外交史的契机。基辛格华丽的外交生涯,都有父亲参与的痕迹。

犹太人用一辈子的时间努力学习,就是为了让自己每一天都能过得比昨天更好。读一遍《塔木德》就要花上至少7年的时间,这才是真正为了长远的未来而学习,他们的成功皆由此而来。

经营面包店的人会研究与面包相关的知识,经营餐厅的人会学习与餐饮相关的知识,而父母传授给他们的最大财富就是学习的习惯,这也是犹太人总能够获得成功的原因。

TIPS 教育不只是教导，还应是帮助孩子终身学习

对犹太人来说，教育并不只是教导，还应是帮助孩子终身学习。在希伯来文中，教育具有"准备"的意思。犹太人认为，要过上像样的人生，就必须终身学习，这也是他们来到这个世界应尽的义务。他们认为，任何人不可能成为完美的人，所以并不是用教育来达成什么完美目标，而是每天持续提升自己。犹太人的坟墓里之所以会放书，也是因为他们相信人死后依然要继续学习。

犹太人至今仍在认真阅读《塔木德》，可见学习这件事本身，就是犹太文化最大的创造力。

用《塔木德》培养子女的创意

——《塔木德》是有智慧的伟大著作

犹太人是喜欢学习的民族,他们从3岁开始就学习希伯来文字母,5岁时学习英文字母,学完字母之后就开始阅读《妥拉》与《塔木德》。《塔木德》主要是和父亲一起学习的,遇到不懂的地方就通过提问、对话和讨论来解决。犹太人的生活与《塔木德》的关系,就像是水和鱼一样无法分割。

"塔木德"在希伯来文中有"伟大的学习"之意。犹太人一辈子都在阅读《塔木德》,《塔木德》也坚不可摧地守护着犹太人的生活。

《塔木德》是犹太人生活中的百科辞典与智慧宝库,其中不仅记录了犹太人的传统习俗,也充满生活的智慧与处世之道。

读完一次《塔木德》要花上至少 7 年的时间。目前我们所熟知的《塔木德》，都是由知名拉比的话或是故事组成的寓言集，但这只是沧海一粟。

原本的《塔木德》并不是一本书，而是多达 63 本的庞大系列书籍，光重量就有 75 千克，有超过 250 万个单字。因为内容庞大，所以犹太人至少 7 年才能读完，并花一辈子的时间学习。

100 个犹太人会有 100 种不同的认识，他们每个人都有不一样的想法。他们并不执着于找出彼此的共通点，而是承认彼此的不同。所以比起追随朋友，他们更倾向于选择没人挑战过的道路。以色列使用的语言是"希伯来文"，意思是"自己一个人站在相反的一边"。

犹太人会花上一整天的时间，辩论《塔木德》里面的几句话。一个人说出意见，另一个人提出疑问，并以个人的理论反驳，接着第一个说出意见的人会再反驳，并继续说服对方，他们就这样通过刀锋般尖锐的辩论，找到适用于生活的道理。

犹太人认为，"如果无法用语言说明，那就是不懂"。他们通过《塔木德》说服别人、和别人辩论，在这个过程中不仅能培养逻辑思考的能力，更能培养分析能力、推理能力和创意能力。他们甚至会找伙伴一起讨论、辩论，锻炼自己的耐心以培养人格。塔木德式辩论是选定一个主题，由拉比和弟子进行辩论，追求一个问题可以有 100 种回答的多元思考；他们可以针对一个问题，加入自己平时对政治、经济、社会文化、学问与艺术的想法展开辩论。

在犹太家庭中，亲子之间也会选定一个主题进行塔木德式对话。首先父母会听孩子说话，了解孩子的想法与立场之后，再提出自己的意见，双方会为了说服对方展开辩论，最后再达成协议。通过这种方式，培养思考的流畅性、包容性、独创性以及想象力。讨论的方向可以包括：

放大会怎么样呢？

缩小呢？

合起来呢？

分开来呢？

接起来呢？

有其他用途吗？

其他方法呢？

换一下颜色呢？

翻面呢？

通过《塔木德》进行辩论,最重要的就是短时间内提出许多想法来解决问题。这样的训练能够激发出许多优秀的创意,而重要的是如何让人把这种短时间内提出想法的训练当成游戏,例如:

把不用的瓶子、罐子或报纸当成素材,想出 5 个回收再利用的方法。
砖头的 10 种用途。

犹太人随时随地都能邀请孩子进行想象力训练,比如,在扔掉用过的盒子之前,问孩子:"这个盒子扔掉好可惜,可以用在别的地方吗?"如果是女儿的话,或许就会发挥想象力回答:"可以拿来装发夹。"

大家可以试着找一个单字或一件事物,并写下能够联想到的任何东西,可以直接写下来,也可以像思维导图那样,以主题分类,并把想法记录下来,这样应该会很开心。

塔木德式辩论最重要的地方在于,不要马上告诉孩子问题的正确答案,因为这样会让孩子刚刚萌芽的想象力、推理能力随之枯萎。

孩子有问题的时候,要告诉他们思考的方法,或是循循善诱，用一个个问题引导他们回答。引导孩子找出正确答案的有效方法，叫作苏格拉底反诘法。曾经有人分别询问以色列学生与韩国学生砖头有什么用途，韩国学生的回答多半是盖房子、当作酱缸的支架等。但以色列学生的答案除了盖房子之外，还有节省马桶用水、打小偷、花盆的底座、钉钉子、绑住气球避免气球飞走、镇纸、做垫脚石等超过150种不同用途。

《塔木德》就是培养孩子创造力的宝库，持续通过塔木德式辩论训练思考的灵活度，就能够鼓励孩子努力想出更好的答案。有哪一个民族，时至今日仍实践着数千年来代代相传的教诲？

公元70年，罗马军队攻入耶路撒冷，摧毁了犹太圣殿，使犹太人流离失所，流散于世界各地。其间，无数的拉比将世界各地的犹太百姓团结起来，教导他们学习《塔木德》，以守护他们的民族精神家园。

但即使是最聪明的拉比，也很难将律法完整地背诵下来、传递出去，所以几位先知便将口耳相传的《塔木德》撰写成册。一位名叫阿基巴（Akiba）的拉比汇集整理了过去几位拉比的教导，而他之后的几位拉比，也正式将口传的《塔木德》撰写成书。

犹太人的《妥拉》中有很多象征性的内容，所以他们的抽象思考能力非常发达，他们必须诚心地想象眼睛看不见的上帝与大自然，并熟悉将这一切内化的过程。

直到今天，犹太人依然注重阅读、辩论《妥拉》与《塔木德》的内容。

就像"苟日新，日日新，又日新"这句话一样，如果每天不做一点改变，那就没有任何意义，智慧也要每天都有新的领悟，否则不会有所长进。

《塔木德》的第一页与最后一页都是空白，那是留给犹太人写下个人见解的空间。每个人都可能对《塔木德》有不同的解释，他们希望通过讨论与辩论，能够找到属于自己的真理，并由自己来完成第一页与最后一页的内容。这也正是让犹太民族强大的原动力。

TIPS 伟大的《塔木德》

《塔木德》是犹太人的精神支柱,根据撰写地区的不同分为《耶路撒冷塔木德》(或称《巴勒斯坦塔木德》)与《巴比伦塔木德》两种。《耶路撒冷塔木德》是在公元400年左右完成的,后来因为古罗马帝国的占领而遗失。目前我们所知道的《塔木德》是《巴比伦塔木德》。

公元70年,犹太人的圣殿遭到摧毁,犹太人为了维持民族精神,将散落在各处的训育编成一本书,便成了我们所知道的《塔木德》。

公元200年左右,犹太人汇集了农业、宗教节气、婚姻、民法与刑法、祭祀、仪式等6个主题的内容,这就是《塔木德》的前半部《米书拿》。

《米书拿》记录着对律法的诠释,以及对个人生活的教导。在编纂过程中,综合了许多拉比自由讨论出来的内容,所以要套用在日常生活中并不容易。为了让律法能更容易应用在日常生活中,犹太人请先知针对《米书拿》的内容进行了补充说明与解释。

在口传时期，每一位先知的见解都不相同，所以也记录了每一位先知的诠释，记录这些内容的经典称作《革马拉》。

拉比们在完成《米书拿》与《革马拉》之后，现在的《塔木德》就成形了，它包括了公元前500年至公元500年大约1000年来口传的内容，由2000多位学者，花费10年的时间整理而成。

也就是说，在《塔木德》真正完成之前，约有1000年的时间，犹太人都以口耳相传的形式传承民族精神。

不久前，一份《巴比伦塔木德》手稿在纽约的拍卖所以惊人的110亿美元成交，是史上以最高价格售出的犹太教文献。

用塔木德式对话法
问问题

——更好的问题可以获得更好的回答

犹太人是重视提问的民族，但不是那种父母问问题、孩子回答式的"提问"，而是无论孩子想知道什么，都让他们尽情提问。犹太人能够在国际上获得出色的成绩，也得益于这种在日常生活中让孩子尽情问问题的文化。

犹太人很重视孩子的好奇心，越是不着边际的问题他们越欢迎，他们不会装傻充愣或是随便蒙混过关，比起草率地给出答案或是让孩子一知半解，他们更倾向于让孩子一边提问一边学习。

孩子经常会提出超乎父母想象的问题，有些父母如果被问得哑口无言，或没办法很快想出答案时，就会用"不该问这种问题"来让孩子闭嘴，但犹太人会以"你怎么想"来反问，他们认为问题不分好坏，也不分有用没用。

笔者也和大多数父母一样，曾用拒绝回答的方式让孩子闭嘴。我儿子有皮肤过敏的问题，为了照顾他的皮肤，我们会花很长时间给他洗澡，洗澡过程中他会不断地问问题，整个过程让我筋疲力尽。开始的几个问题我还很耐心地回答，但他那一个接着一个的问题，终于让我用"够了！拜托你不要再问了"来让他闭嘴。

但犹太人会包容孩子并耐心回答问题，他们不会阻止孩子提问、说话，而是用心聆听、接受。

犹太人绝对不会自己一个人读书，他们会找一个伙伴，以提问、对话的方式"吵吵闹闹"地读。在日常生活中也是如此，以提问、对话的方式和父母交流，面对兄弟姐妹，也同样会表明自己的立场与想法，展开提问与对话。有犹太人在的地方，就会有"吵闹"。

他们会说出自己的主张，甚至会用上肢体语言、眼神等，像吵架似的努力说服对方，在嘈杂的气氛中沟通。这种沟通方式，就是哈柏露塔。

犹太人的日常生活中，讨论占据了很大一部分。父母与子女或朋友与朋友相互提问、交流，这不是形式上的对话，而是抱着对彼此的尊重与支持进行对话。他们希望通过回答彼此问题的过程，让对方说出自己没有注意到的部分，并从对方的回答当中找出不同的想法，帮助彼此成长。

当然，为了说服别人而深入了解自己的主张，并以此进行提问、对话，有可能会变得很激动，也可能演变成更激烈的争论，看起来就像在吵架一样。

不过，如果他们承认自己的想法有错，就会很快接受对方的想法，并为整个讨论做出结论。犹太人会很爽快地争论并接受结果。

《塔木德》中有句话："好的问题能够获得好的回答。"也就是说，以自己的想法提问，就可以获得更好的回应。所以犹太人所有的教学，都是以对话和讨论的方式进行的，不是父母或老师单方面说明，而是由孩子主动提问，并以对话和讨论的方式教学。

在犹太人的教育中，比起成绩，犹太师长更重视提问与讨论。孩子放学回家后，我们常会问"学了什么"，但犹太人会问孩子"在学校问了哪些问题"。学习《塔木德》时，老师也不会一个人唱独角戏，这和我们熟悉的老师站在教室前方讲课，学生安静聆听的教育模式完全不同。

犹太学生会两人一组，自由提问、对话、学习。《塔木德》也告诫犹太人"不说话的学生便学不到东西"，告诫他们不要只静静听人说话，认为提问可以培养思考的能力。

把话说好的秘诀就是好好聆听，一个人被问问题就一定会开始思考；倾听别人说的话并针对内容提问，对问题提出不同的看法，这就是创意的源泉。允许自由提问与交流各种想法的讨论文化，就是犹太教育的核心。

当孩子问父母"风没有形体也没有颜色，为什么我们能感觉到风"的时候，犹太父母并不会回答得很深奥，而是会反问："你觉得为什么会这样呢？"他们认为问题没有正确答案，最重要的是提出"为什么会这样想"的根据，并努力说服对方接受自己的想法。

提问的习惯可以使大脑更加发达，这是有脑神经科学理论作为根据的。人类的大脑在遇到问题的时候，为了找出答案会辛勤运作，进而刺激大脑神经网络的联结，神经会因此更加发达，学习效果也会更好。

犹太人会运用人类所有的感受来学习，这也是刺激大脑发育的有效方法。犹太人在读书的时候，会很大声地念出来，坐着阅读还不够，他们会站起来边走边念，运用全身的感受去学习。

为了回答问题，他们会非常专注地听对方说话，并把自己的想法说出来；讨论时，也会调动身体相关部位准备聆听对方要说的话。

问题训练使犹太人变得强大。通过对话与讨论接收他人多元的想法，并从中找出与众不同的思维，这种与众不同的思维就是创意。

TIPS 塔木德式对话法

如果走在路上的孩子突然看着天空问:"天空为什么是蓝色的?"你会怎么回答呢?

① "天空本来就是蓝色的啊。"
② "我很忙,我们快点走吧,要迟到了。"
③ "别问这些没用的事情。"
④ "你觉得是为什么呢?"

针对这个问题做出的反应大致可分为这4种,会有多少人深入思考天空为什么是蓝色的,然后再好好回答孩子的问题呢?

犹太人的塔木德式对话法会选择第四个回答。

即使自己无法回答这个问题,他们也会以"你觉得是为什么呢""对此你怎么想"来回应,他们认为提问是提升思考能力的活动,所以会对眼睛所见的一切保持怀疑,并享受提问的过程。

即便没有正确答案也没有关系,讨论本身就是一件很有意义的事,他们会找出立论的根据,并努力表明自己的观点。他们会以有逻辑的依据表明自己为什么会这样想、是否同意对方的想法,以及为什么不同意对方的想法。对犹太人来说,讨论就是一种娱乐。

打造教育环境的
犹太人

不要比较孩子聪不聪明，
而要尊重孩子的个性

犹太母亲对教育非常热衷，她们认为自己是子女的第一位教育者，且相当引以为傲。她们认为教育孩子也是女性的权利，而不仅仅是把孩子送去学校或补习班。补习班教给孩子的是知识，而犹太母亲教给孩子的是一种思想态度，因此在养育孩子的时候，她们会耐心守护孩子，持续观察孩子喜欢什么。她们会认同孩子天生的才能，帮助、教导孩子找出属于自己的专长。

《塔木德》告诉犹太人："不要比较孩子聪不聪明，而要尊重孩子的个性。"所以犹太母亲不会拿孩子与他的兄弟姐妹做比较，她们会努力保留孩子原本的个性，把孩子养成最独特的样子。

基辛格的弟弟沃尔特曾说过:"小时候哥哥和我是竞争对手,但我们的竞争并没有很激烈,我们做的事情不一样,个性也不同。"这是因为他们的母亲把他们两兄弟当成独立个体来看待。

哥哥成为美国国务卿,而沃尔特则成为备受尊崇的电力公司老板,他在哥哥担任国务卿时说:"报纸不要整天追着我哥哥跑,也应该报道一下我的成功经验吧。"这是非常健康的竞争心态。犹太人也以爱护手足而闻名,这是因为他们的父母不会差别对待孩子,而是平等地对待每个孩子,并将每个孩子当成独立的个体来尊重。

不希望子女毫无个性的犹太母亲,会教导孩子"比起跑得比别人更快,更应该变得与别人不一样"。和别人不一样,也就是成为世界上独一无二的自己,要有个性、有创意。

让我们来看看时尚设计师凯文·克莱(Calvin Klein)的例子。凯文·克莱的祖母是位裁缝,受祖母的影响,他从小便把给娃娃做衣服当成乐趣,他喜欢在纸上设计衣服,并且素描母亲的样子,他的爱好和一般同龄的男生不同,上了高中之后,他开始喜欢设计女生的衣服。

凯文的母亲希望儿子可以做自己喜欢的事,所以虽然他是个男孩子,但还是二话不说就把他送去了设计学校。

如果凯文·克莱不是犹太人,而是韩国人,会发生什么呢?

当时由男性设计女性服饰的事情并不常见,有一位犹太母亲支持他做自己喜欢的事,并帮助他把这件事情做好,所以才有了今天的凯文·克莱。

犹太母亲认为,在学习过程中,帮助智力和能力发展的玩具是不可或缺的东西,她们给孩子提供玩具时,也会考虑到教育方面的事情,比起买新的玩具,她们更善于利用周遭的事物,一些无关紧要的东西也都可以当成玩具、教具。

有趣的猜谜游戏可以刺激孩子的好奇心,进而帮助他们发展想象力。等孩子长大一些,玩玩具就会升级成有趣但有难度的猜谜游戏,带领孩子走进广阔的思考世界。犹太父母认为趣味无穷且有难度层次的猜谜游戏可以培养孩子的想象力、语言能力,同时也是分享学习喜悦的幸福教育游戏。

《塔木德》教导犹太人:"盲目追随他人教导的人,会使自己与身边的人跟着腐败。"这也是在强调,比起追随既有的传统观念或权威,更应该自由思考,打破既有的框架,进行新的尝试,所以他们尊重那些超出一般人思考范围的奇思异想。

这种自由的思考和与众不同的创意,使得许多犹太人成为跳出既有框架的改革者和创新家。不纠结于他人想法的自由思维是想象力与创意的根源,也是犹太人成功的力量。

"还有比这更好的方法吗?这是正确的吗?有没有其他的替代方案?"创意就来自不断地思考。

聪明的父母不会贪心地想要教孩子更多的东西,而是会配合孩子的步伐,观察并发现他们的个性,找出孩子擅长且与众不同的特点,给予全面的支持与鼓励。

优秀的孩子是由懂得如何培养自信的父母一手打造出来的,父母因材施教,才会有像爱因斯坦和斯皮尔伯格这样的人。

TIPS 犹太人教育子女的 10 条黄金法则

1. 学习像蜂蜜一样甜。

2. 重要的不是"比别人更好",而是"和别人不一样"。

3. 为了帮助孩子养成终身学习的习惯,要让孩子在小时候充分玩乐。

4. 比起安静聆听和专注学习,更重要的是懂得如何说话。

5. 一个缺乏智慧的人,在每一个方面都有待加强。

6. 做事时要先动脑,而不是直接采取行动。

7. 即使严厉地训诫了孩子,也要在睡觉时温柔地哄他入睡。

8. 不关心子女的教育问题,就是犯罪。

9. 父亲是子女的精神支柱,父亲不能没有假期。

10. 可以原谅曾经伤害自己的人,但不要忘记自己受到的伤害。

犹太人都是兄弟

——因为大家都是兄弟,
所以没有"像兄弟一样"这句话

有句话说,犹太人就像一块布一样被编织在一起,离开了这块布,便没有人能独自存活。对流散于世界各地,经历漫长苦难岁月的犹太人来说,唯有家庭与民族才是能够依靠的珍宝,唯有家庭才是在这险峻世界赖以生存的基础。《塔木德》教导犹太人:"家庭是最小的社会单位,忽视家庭的人不会对社会有帮助,也无法成为庞大社会的一员。"

犹太人是重视家庭的民族,即使遇到困难也会团结在一起,和家人共同克服;家庭成员会成为支持彼此的最大力量,更会鼓励彼此,一起解决问题。

据说,"像兄弟一样"这句话在犹太人中是不存在的,因为大家已经是兄弟了。初次见面的犹太人很容易就能拉近距离，帮助彼此，这一点也不奇怪。犹太人将自己比喻成芦苇，犹太格言说："一个人再怎么力大无穷，也无法独自折断成捆的芦苇。"

这种家族共同体的思考模式，创造出了名为犹太民族的庞大组织。四散在世界各地的犹太人就像一个巨人的身体，如果有人踩踏这具躯体，使劲地捏巨人的脸颊，那么全身都会感到疼痛，而这也是使犹太人强大的原动力。

他们如果事业成功，就会邀请自己的兄弟姐妹加入，以家族为中心来经营。罗斯柴尔德家族与华尔街的雷曼兄弟等，就是家族事业的知名例子。为了达到目标，全家人都必须幸福，必须有效地沟通，通过合作与竞争教导子女友爱，培养家族共同体。

当手足之间发生争吵时，犹太父母会成为仲裁者，在完整听取当事人的想法之后，公平判定谁对谁错。古往今来，家人之间都存在着竞争与争吵，如果无法公平做出判断，偏袒其中一方的话，就会因为嫉妒与猜忌，引发更严重的争吵。

家庭对犹太人很重要，与家人对话，也必须开诚布公地把事情说清楚讲明白。在安息日什么也不能做，所以家人之间便会自然而然地展开对话，如果家人之间没有对话，那父母就无法得知孩子在日常生活中是否因交友、家庭关系而受伤，是否在情绪上遭遇困难。

家中有人发生任何情况，大家都必须坦诚地讨论事情的原因与结果。如果在情绪化或激动的状态下谈论，一不小心就可能演变成单方面的批判，从而引发怨恨，所以必须要冷静对话，从尊重、理解的立场出发，带着支持与鼓励的态度交流。

一般来说，对话除了语言交流之外，还包括肢体语言、声音语调等非语言的元素，通过与家人对话，也更能掌握自己不想说、想要隐藏或感到害怕的事情，或许还会发现每一位家庭成员内心受过的伤与正在面临的问题。

家庭的和睦看起来好像需要很多东西，但其实只要彼此尊重、为对方着想，就能让全家人感到快乐与幸福。家庭是情绪共同体，为了稳定每一位成员的情绪，必须通过肢体接触来抚慰彼此，家庭成员相互拥抱、安慰，温柔地在耳边低语，就能帮助家人战胜来自外界的疲惫与紧张。

同时，父母不成熟的情绪表现，也会破坏家庭关系，引发家庭成员的冲突。父母如果以自己的情绪为先，总是对子女发脾气，那这种不顾及子女情绪的行为，会使子女受到莫大的伤害。

虽然每个人的情况不太一样，但与情绪不稳定的父母一起生活，大多数的人都会变得比较暴躁，因为无论什么事情，大家都必须把彼此当成敌人，才能够保护自己的情绪。子女小时候可能还会因为不知道该怎么处理这些不快的情绪而忍耐，但到了青春期，压抑的情绪就会爆发，进入难以控制的状态。

通常父母认为自己有绝对主导权，认为自己是强者时，才会过度表现出不必要的情绪。如果父母经常因为一些小事动怒、不愉快，子女长大之后就会不想看到父母，他们会为了不再受伤而筑起一道心墙。

犹太格言说："当子女哭闹时，不应该威胁他们，而应该惩罚或原谅他们。"不能让孩子在父母的养育下感到忧郁、怯懦，不该让孩子看父母的脸色；无论父母多么尽责，如果经常生气的话，那其他的一切便没有意义。

父母始终如一的态度比什么都重要，父母的态度如果经常随情绪改变的话，那一切都会陷入混乱，也会对孩子自信心的建立带来负面影响。

如果父母不够成熟，情绪管理不好，平常就会对子女表现出溺爱，无论子女想要什么，他们都愿意完成。当孩子要求父母读故事书时，他们愿意读到口干舌燥，但转眼间又会突然对孩子发火说："够了吧，已经读几本啦？"如果觉得很累，就不要假装自己心情很好，硬是去给孩子读故事书，勉强自己去读，反而会造成比不读更糟的结果。

如果父母从来不顾及孩子的情绪，那么孩子长大后也会因为希望子女和配偶能够填补自己缺失的爱而不断感到生气、烦躁，这种依赖的需求，在未来也会转嫁到他们的子女与配偶身上，他们会认为"你们应该谅解我，应该体谅我的情绪"，或是因为一点小事就觉得"为什么要小看我"，感觉自己不被重视而情绪爆发。在和子女一起搭车时，情绪不同的父母可能会有两种不同的反应：

> 爸爸开车行驶在路况复杂的市中心，但孩子把背包忘在家里没有带出来，在旁边哭个不停。
>
> 如果是懂得控制情绪的爸爸，一定会这样说："再等一会儿，我们开出这条路要花一点时间，等一下再回家去拿背包。"
>
> 但如果是不懂得控制情绪的父亲，遇到路况不佳的状况便会感到烦躁，再加上孩子吵吵闹闹，他们就会无法控制自己的情绪而发怒："喂，你还不安静点，没看到爸爸在开车吗？堵车堵成这样，根本无法动，你想要我怎样？不是早对你说过要记得带背包吗？今天就算了吧！"

Part 1 | 孩子通过学习父母的言行获得成长

通过第二位爸爸的情绪反应，我们可以看出，因为平时就没有人顾及他的情绪，所以他也不懂得如何体谅他人，比起外在的情况或是孩子的情绪，他会以自己的情绪为主。

我们在交流想法时很容易责怪对方，而不是客观地去探讨产生问题的原因，家人之间发生冲突时也是一样，因为每个人都不认为问题出在自己身上，所以夫妻或亲子之间，就不容易通过真挚的对话来解决问题。

我们要从客观的角度来看待问题，解决家庭问题需要的是彼此尊重，为彼此着想，不要因为任何一个人的不良情绪而伤害家人的感情。

TIPS 犹太教师的选拔条件

犹太社会中，拉比是最受人尊敬的对象，被称为教育民族的人。犹太人把教学看成是最神圣的事，他们认为教学是需要忍耐且非常困难的事情，在选拔教师的时候，他们不会聘用个性急躁的人，因为在教学过程中最重要的就是耐心。

犹太人认为，随便对待学生，或是容易生气的人不适合当老师，因为他们认为用粗鲁的语言辱骂学生的老师，并不是对学生不满，而是对自己感到不满。

《塔木德》教导他们"教育是耕耘心田的工作"，因为教科书上的知识很容易被遗忘，但铭记在心的智慧是没齿难忘的。

幽默小故事

暴发户家庭与犹太家庭

有一户人家突然成为暴发户，搬到了有钱人居住的郊外高级住宅区，但这户人家并不满足于此。社区里有个会员制的俱乐部，暴发户一家希望能够成为俱乐部的会员，所以竭尽所能地对社区住户展现出温和、友好的一面。为了博得其他住户的欢心，他们事先拟定了一套策略，为加入俱乐部展开了一连串的攻势。

其间，父亲故意到邻居家拜访，他会到这家亲切地传授提升高尔夫球技的秘诀，又到那家指点修剪花园的方法；母亲在晚餐时间，便挨家挨户传授甜点的做法、饼干的烤法，营造出欢快的气氛，再把好吃到让人赞不绝口的独门蛋糕食谱分享给所有人。

上大学的儿子会把同系的朋友带回家，邀请他们与邻居的女孩儿联谊，而女儿则会免费替社区的住户照顾小孩儿。

后来社区俱乐部的负责人聚在一起，审查这户人家的会员申请，但大家的反应并不是很友善。

"这家人实在太自以为是了。"

"还有，他们老是一副自己很厉害的样子，真的只是一群很爱面子的俗人。"

其中有一位会员说:"有比这户人家更有礼貌的家庭,那是一个犹太家庭,不久前刚搬到附近来,我与那家的男主人碰过面,他说要种玫瑰,请我帮忙提供一些建议,我觉得他们是谨慎且稳重的一家人。"

其他负责人也在一旁附和。

"我太太也曾经与这个犹太家庭的女主人碰过面,她问了一些不是很困难的料理该怎么做,完全不知道她是太无知还是太谦虚。"

最后,俱乐部的创办人做出了这样的结论:"我曾看到犹太家庭的小孩儿请我女儿帮忙介绍男朋友,我觉得邀请他们加入这个俱乐部应该不错。"

于是他们拒绝了暴发户的加入申请,欣然迎接犹太家庭加入俱乐部成为会员。

> 韩国母亲在孩子去学校的时候,都会叮嘱"要好好听老师的话",犹太母亲却会说"要多问问题"。

幽默小故事

狗

有个人听说鱼肝油对狗很好，便开始每天喂狗吃大量的鱼肝油。狗似乎不喜欢鱼肝油，但他硬是把狗头夹在自己的膝盖之间，把狗的嘴掰开，把鱼肝油灌进去。某天，挣扎中的狗把整桶鱼肝油弄倒了，鱼肝油流了满地。接着，狗却趴在地上开始用舌头舔起鱼肝油，这时他才终于发现，原来狗讨厌的并不是鱼肝油，而是自己喂食的方法。

思考便能够想出新的方法。贫穷的人总觉得成为有钱人之后就会变得幸福，有钱人则觉得胃溃疡痊愈后就会变得幸福。

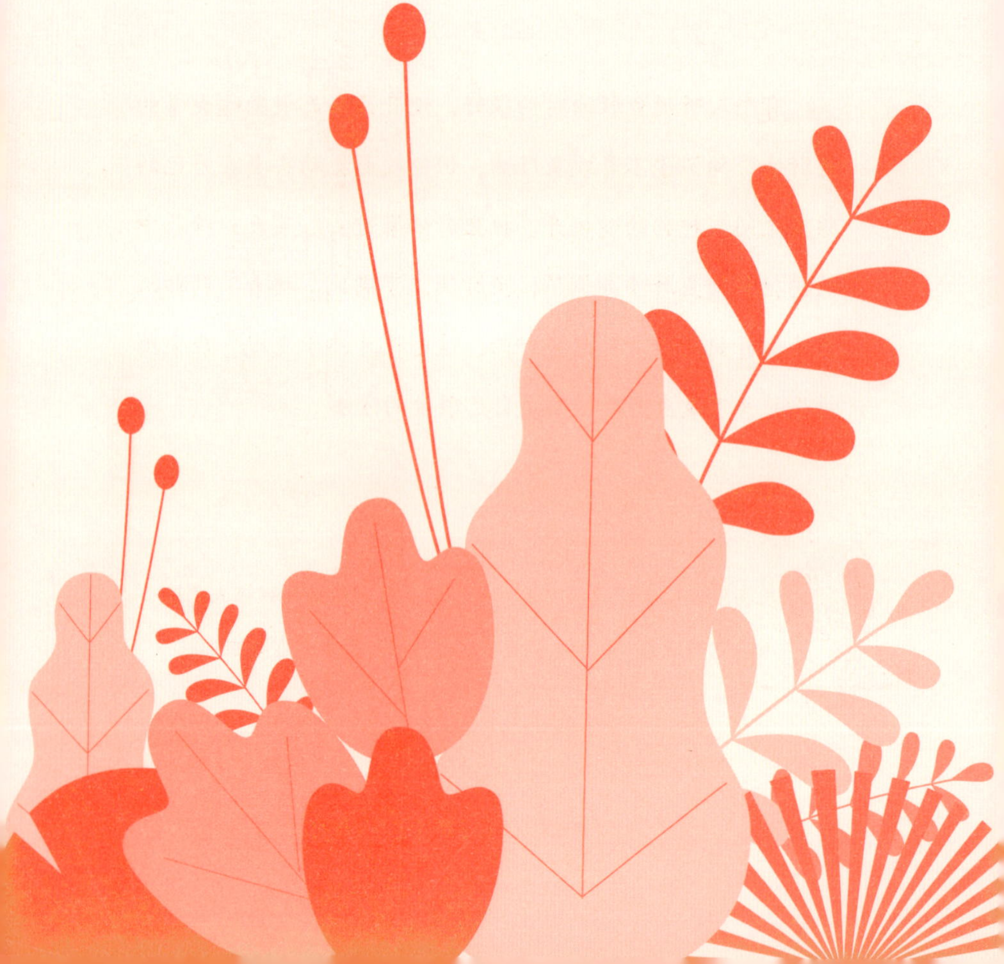

PART 2

孩子的教育是无法交付给学校的大事

重视苦难的
犹太教育

——只要不失去希望,
逆境就是最好的机会

犹太民族一年有超过 30 天是要求犹太人亲身感受、哀悼祖先经历的苦难与考验,他们会在这些日子穿上丧服、断食。犹太人用"逾越节"这个重要的节日来纪念历史。逾越节是纪念在埃及当奴隶的犹太人在摩西的带领之下逃出埃及的日子。

节日里,犹太人会模仿祖先,吃着没有发酵的面饼以及苦涩的蔬菜,就为了记住曾经身为奴隶的痛苦经历。

他们努力记住这些不愉快的过去,记住祖先曾经历的失败,以求更加茁壮成长。通过历史他们明白,唯有苦难才能使人类更加坚强。

犹太人认为只要不失去希望，逆境就是最好的机会，所以他们会自发地为孩子制造苦难。身为少数民族的犹太人，能克服无数的苦难存活下来，就在于他们有不屈的意志与满怀希望。

犹太人称孩子为仙人掌的果实，仙人掌虽然有很多刺，但仙人掌的花却有鲜艳的颜色，而且果实十分甜美，这表明了犹太人希望孩子能像仙人掌一样，在生存条件恶劣的沙漠里仍能开花、结果。

我们从中可以感受到犹太人的强韧生命力，他们经历流散世界各地的漫长岁月，用失败锻炼自我，在苦难中存活下来。他们认为失败是成功之母，所以总是会包容失败的经验。

《塔木德》教导他们："没有比失败更好的老师。"因此，即使孩子做错事或是失败，犹太父母也不会责备孩子，反而会恭喜孩子出错、失败。成功可以使人成长，为我们带来欢乐；而失败则会使人怯懦，失去力量，但踩着失败重新站起来的时候，人类会获得更大的成长。

《塔木德》中说："与其帮他抓鱼，不如给他一根钓竿。"意思是：与其直接把孩子想要的东西给他们，不如教导他们如何用智慧获取。

犹太父母为了帮助孩子成长，会让孩子做一些可以独立完成的事，从琐碎的家务到其他大小事务，只要可以，他们都会交给孩子处理。

其实让孩子做家务，可能会让事情更加不可收拾或是变得更复杂，也可能会加重父母的负担，但犹太父母还是会让孩子从小就尝试各种事务。

度假计划也会交由孩子主导，而孩子会为了全家人的愉快假期去搜集各式各样的资料，然后和家人分享，父母则会相信孩子，并听从孩子的决定。犹太人尊重并支持孩子的选择与决定，假使孩子走上不同于父母期待的道路，他们也只会提供建议，当然随之而来的责任与后果也需由孩子自行承担。

他们认为，孩子在成长过程中会自己想办法解决问题，相信孩子的无限可能性。他们认为人都需要失败的经验，所以即便遭遇失败与挫折，那也是孩子需要经历的。

TIPS 犹太哀悼日

犹太哀悼日充满悲剧色彩,犹太人称这天为受诅咒之日,也就是犹太历法中埃波月(公历7—8月)的圣殿被毁日(第九天)。

在犹太历法中,埃波月是历史上发生最多惨事的月份:公元前586年,耶路撒冷第一圣殿被破坏,失去了祖国的犹太人遭掳掠,被强制迁至巴比伦王国;公元70年,罗马军队也在埃波月入侵耶路撒冷,毁坏了第二圣殿;1492年,居住在西班牙的犹太人遭到驱逐。

犹太人会在哀悼日禁食并哀悼。这天,全世界的犹太人都会停下手边的工作聚集在教堂,坐在地上而不是坐在椅子上,就像举办葬礼一样,吟唱悲伤的歌曲,回顾苦难的历史。

犹太人养出的孩子很会玩

—— 如果想要孩子终身学习，
就让他在小时候尽情玩乐

《塔木德》教导犹太人："如果希望孩子终身学习，就要让他在小时候尽情玩乐。"以终身学习闻名的犹太人，对教育所持的就是这种态度，他们认为游戏是刺激孩子好奇心的重要活动，所以也倾注了很多心血在游戏教育上。

他们非常注重早期教育，会让孩子从游戏开始学习，因为游戏能够培养创意，并帮助孩子理解全新的事物。比起补习班教育，犹太家庭更注重激发孩子的天性。犹太人的孩子会在游乐场里玩土、玩沙，弄脏衣服也无所谓，泥土与沙子有很高的可塑性，是最好的玩具。

> **3D**
> - (D1) 危险的 —— 在父母的保护下尝试危险的事物。
> - (D2) 脏的 —— 让孩子在虽然有点脏,但没有疾病威胁的地方玩乐。
> - (D3) 困难的 —— 让孩子尽情地玩到累,但不要累到倒下。
>
> 帮助孩子身体、大脑发展的必备3D育儿态度

研究脑部发展的学者表示,孩子在7岁之前右脑会先发育,然后才轮到左脑。右脑掌管创意、直觉、感受等能力,左脑则负责分析、推理、判断等理性的功能,所以"会玩的孩子也会读书"这句话是有科学根据的。

犹太父母让孩子在小时候尽情玩乐,是为了让掌管创意与直觉的右脑得以发展,因为并不是专注左脑教育就能够提升学习能力,所以7岁之前最好还是让孩子在游戏中尽情玩乐。

孩子通过游戏,能学习到固定的规则与秩序,他们会在团体游戏中为了获胜而发挥创意,并寻求解决方案。如果尽力做到最好仍然失败了,他们也会学到承认失败的意义。

游戏是帮助孩子思考的好工具，而大自然则是能让孩子深陷其中，玩上一整天也不会感到厌倦的最佳游乐场。

孩子一旦专注在游戏之中，就不会察觉到时间的流逝，游戏能刺激他们的好奇心，帮助他们集中精力。小时候常和父母一起玩乐的小孩儿，其社交能力也随之增强。

尤其是和父亲一起游戏时，身体的动态活动多于静态活动，因为父亲会带给孩子更多刺激。搔痒、打滚、抢枕头、战争游戏等，都能让孩子感到快乐。孩子在与父亲身体接触的过程中，会形成情绪上的依赖并满足他们的好奇心，同时还能够学习社会规范、秩序，培养创意和解决问题的能力。

与父亲不同，母亲则会通过理解类的游戏，刺激孩子的右脑发育。母亲主要负责在家读书给孩子听等语言活动，大多都比较平静。而小时候没能尽情玩乐的孩子，长大之后就很难发挥专注力，所以游戏其实是和学习有直接关联的重要活动。

在国际学生能力评估计划中，韩国学生在数学和科学能力方面取得了不错的成绩，但在创造力的部分落后不少，很大一部分原因在于他们在该玩的年纪无法尽情地玩。

相反，犹太学生的创造力超过了从小就全力冲刺、每天读书的韩国学生。犹太人之所以能在大学和研究所取得好成绩，正是因为他们小时候可以尽情玩乐。

有些犹太人出生3个月后就开始上托儿所，因为有很多双薪家庭的孩子没有人照顾，所以这些孩子很早就开始体验团体生活，学习如何与同龄的孩子相处、玩乐。以色列的幼儿园和托儿所就像二手商店一样，放满了许多已经不能用的日常生活用品，孩子们就是通过玩乐来学习的。

孩子在游戏中学习，老师会看着孩子玩游戏，并不断与孩子对话、交流，以教导他们。

在孩子满3岁之前，犹太人不会要求孩子学数学，而是重视音乐、体育、艺术等教育，以帮助孩子发展感性。比如音乐，并不是要孩子学钢琴等乐器的弹奏方法，而是让他们在生活中自然地接触各式各样的音乐，帮助他们了解音乐。

到了孩子可以听懂大部分话时，就会通过猜谜游戏来进行教育。猜谜是培养想象力的最佳方法，孩子在猜谜游戏中能学习、认识周遭的事物，了解事物的名称或概念，同时还可以学习同义词、反义词和形容词，由此培养词汇的使用能力与表达能力。

文字与数字教育也在日常生活中自然进行，犹太人会通过图画让孩子熟悉文字与数字的概念，如果孩子不知道怎么写，就用语言解释给孩子听；如果孩子不想用这种方式学习、传递信息，那他们也不会强迫孩子。

脑部研究专家表示，人类在3岁之前，大脑发育的程度可以达到70%～80%。犹太父母不会错过这个黄金时期，他们会尽全力培养孩子的创造力。比如，犹太母亲每天都让孩子玩拼图、猜图片、用手指画图、玩黏土和乐高等游戏。

他们认为玩乐很重要，所以挑选玩具也会特别用心。空瓶、盒子、镜子等生活用品，都可以变成游戏玩具。废弃的自行车或冰箱，对孩子来说也是很好的玩具。孩子会运用生活中获得的灵感来活用废弃的包装纸，也会拿树叶、树枝当成玩具使用。

街上的广告牌、路上的指示牌，对正在学认字的孩子来说都是合适的教材。犹太父母不会把孩子送去辅导班学习，也不会花钱买特殊的教具，而是就近取材，拿周遭的事物当成学习材料。他们用心培养孩子的学习能力，且尽可能不去选择扮家家酒游戏或是遥控汽车等玩具。

此外，重视科技教育的犹太人，也会让孩子玩计算机游戏，这是希望孩子在玩游戏的同时，能拉近与计算机的距离，但他们会严格限制玩计算机的时间，以防止游戏上瘾。

在日常生活中寻找可运用的材料，需要想法与创意。犹太父母会努力找出对孩子有帮助的事物，借用生活中的物品进行游戏教育。他们就是这样将自己卓越的创意传承下去的。

会玩的孩子情绪比较温和，大部分擅长玩乐的孩子，自我控制能力都非常出色，这样的孩子在学业、人际关系、同理心、社交能力等方面都比较优秀。孩子游戏成瘾、专注力不佳、没有耐性，则是缺乏自我控制能力的表现。

我们必须深入了解犹太人这种该玩的时候尽情玩乐的教育哲学。生活在律法规范之下的犹太人，在小时候就能够保持情绪的稳定，就是因为该玩的时候会尽情玩乐，他们在游戏中成长，养成了终身学习的习惯。

孩子的玩乐教育十分重要，其影响甚至能左右我们社会的未来，这是不容忽视的部分。

TIPS 从胎儿时期就开始教育

犹太人认为，孩子还在母亲肚子里时就已经具备了理性与感性，而从确定怀孕的瞬间到胎儿6个月大的这段时间，就是奠定成长基础的时期。

所以，犹太母亲从确定怀孕开始，就会每天朗读所罗门王的《箴言》给胎儿听。这是犹太人的独特胎教法。

犹太父母为了生下聪明的孩子，会制订缜密的怀孕计划。犹太人会依循被称为黄金时机的怀孕法。此怀孕法是在女性生理期结束之后，经过一定时间的禁欲再怀孕的方法，据说这么做是为了生下健康的孩子。

犹太父母在孩子出生前会准备一个存钱罐，每天都存一点钱进去，等小孩儿出生之后就以孩子的名义把钱捐出去。

爸爸是"坚固的围栏", 妈妈是"生命之水"

——把孩子培养成善尽本分的人

上帝给了犹太父亲"教育子女"的任务,犹太父亲因此肩负执行神的旨意这个沉重的责任,同时也握有绝对的权威。

希伯来文中的父亲,就叫作 Abh。希伯来文字母表的第一个字母是 Aleph,第二个字母则是 Bet,用头两个字母的第一个字组合在一起,就是代表父亲的 Abba,从中也可以感受到犹太人认为父亲具有特殊地位的想法。

为了教导孩子,犹太人的客厅里不放电视,反而会放置父亲的书桌和椅子,并且孩子不能随意坐在父亲的位置上。

犹太父亲通常在下午三四点结束工作,回家之后会与孩子一起读书、学习。他们每天都会与家人一起吃晚餐。吃饭的时候聊天，分享当天发生的事情，这样的对话会持续到晚上9点，每天大概花费5小时在这些事情上。

如果你问犹太人最幸福的时刻是什么时候，大多数人都会回答是与家人一起吃饭、聊天的时候。他们认为赚钱就是为了和家人一起吃美食、聊天，和家人一起吃晚餐是他们最快乐的时刻。

犹太父亲在孩子举办成人仪式之前，都会在家中教导他们学习律法与历史，他们会与孩子分享犹太人虽然是流散民族但依然不失去希望的故事。比如，通过以外族身份在别国流浪的故事了解时代背景，学习历史的教训。

孩子在课业上遇到问题时，也会问父亲。犹太父亲认为，孩子的教育是无法交付给妻子和学校的大事，所以孩子的教育都是由父亲负责。犹太父亲的书桌和椅子，也提醒着父亲所代表的权威。

犹太父亲会尽可能不让孩子接触影音媒体，即使有电视，也只给他们看儿童节目，这是为了避免孩子看电视成瘾。同时也是因为太过超龄的节目，或主要收视对象是大人的节目，会对孩子的情绪健康造成负面影响。

全世界最早创立义务教育制度的民族是犹太人，他们在公元前就已经开始实施义务教育了。公元前75年，负责教育的西缅·本·蔡奇在全国建立学校，实施义务教育，他是全球儿童义务教育的先驱。

犹太人教育儿童的目的，在于将他们打造成"善尽个人职责的大人"，孩子从小就被教育：他们的出生是"为了使这个世界更好，至少要为这个世界尽一份力"。

犹太父母从一开始就认为孩子是上天赐予的礼物，而不是自己的所有物，不能任由大人摆布，所以孩子教育是他们最重视的事情。

当然，每一个成功的犹太人背后，都有一个付出程度不输父亲的母亲。

希伯来文中 Aleph 是"坚固的围栏"之意，字母 A 代表父亲；母亲叫作 Mem，字母 M 代表母亲，是"生命之水"，也就是沙漠中绿洲的意思。

M 是三个单字的字根，分别是 Emunah（信仰）、Emeth（真理）和 Amen（会那样的），只要去看 M 这个字根衍生出来的单字，就会知道在犹太人的世界中，母亲的存在有多么重要。

犹太人遵循母系血统，无论父亲是谁，只要母亲是犹太人，那孩子就被认为是犹太人；即便父亲是非常伟大的犹太人，如果母亲不是犹太人，孩子也不是犹太人。犹太人的正统性传承自母亲，这是因为养育孩子主要由母亲负责，在养育孩子或处理家中大小事方面，女性的影响力非常大。

在犹太人的教育过程中，母亲扮演的角色极其重要。母亲可以提升父亲的权威，同时支持、鼓励、引导孩子。要记得，每一个出色的犹太人背后，肯定有一位不断忍耐、等待、奉献的母亲。

希伯来文中有句很美的话就是"母亲的爱"，母亲愿意牺牲、奉献，她的爱是这世界上最美的事物，对孩子来说具有绝对的力量。

对人类来说，没有母亲的世界令人畏惧。人类出生时非常弱小，所以需要更多的照顾与爱护，也因此，母亲的爱是婴儿健康成长最不可或缺的事物。孩子发出的小小信号母亲都会有反应，更会毫无保留地给予孩子支持与爱护，这都是来自母爱。

如果孩子从小缺乏母爱，那他就有可能成为一个不懂得爱，如沙漠般干枯的人。孩子通过与母亲对视，在母亲帮忙拍背、抚摸自己的过程中，产生名为爱的感情。当孩子的心与母亲的频率相同时，就能达到情绪上的稳定，并促进大脑发展。

父亲是孩子教育的权威中心，母亲则是温暖地支持、鼓励孩子，使其发挥潜力的人。

犹太母亲在养育孩子时不会感情用事，无论孩子犯什么错误，她们都不会依照自己当下的心情来选择教育方式，而是会理解孩子的情绪，并给予支持与鼓励。也就是说，她们会让孩子感觉到自己是被爱的。

犹太人的教育核心，就在于让孩子自我思考、自我表达。《塔木德》告诫、教导孩子的父母："不要轻易责骂孩子，如果怒火没有平息，就会让孩子在情绪上感到不安。"

大部分父母会在孩子做错事时训诫他们，要求他们反省，如果怒火没有平息，就会生气地问："到底对墙壁做了什么事情？"他们无法承受自己内心熊熊燃烧的怒火，总是大声斥责孩子，给孩子的内心带来伤害。

犹太母亲则会冷静地向孩子解释，而不是责骂孩子，她们会说："墙壁不是用来涂鸦的，涂鸦要在图画纸上，把墙壁擦干净，要花多大的力气呢？"

犹太母亲在责骂孩子时，会让孩子了解他们为什么挨骂，并让孩子不要再犯相同的错误。如果在生气的状态下对孩子大呼小叫，那就是一种威胁的行为。

TIPS 犹太人的成年礼

犹太人会给孩子举办成年礼，男孩儿到了13岁举办成年礼，女孩儿则在12岁时举办成年礼，以表示他们已经是一个成人了，必须承担起宗教的责任。

成年礼在犹太教堂举办，亲戚等众多宾客会前来祝贺。成年礼具有独特的意义，所以犹太孩子会提前一年就开始准备。成年礼当天，他们会展示自己过去这段时间的学习成果。

他们从小就通过学习《塔木德》决定人生方向，犹太人的人生目标就是让上帝留下的有许多未完之事的世界更加完整。

希伯来文中的"Tikkun Olam"具有"修补世界"之意，也是犹太人的人生目标，他们认为应该发挥自己的能力，创造比昨天更美好的今天。

举行过成年礼的孩子便会在团体中担任职位，被认可为一个成人，可以拥有私人物品，也能以证人的身份到法庭做证。所以有人说犹太人没有青春期。

成年礼结束之后，犹太人会像我们举办婚宴那样，租一个很大的餐厅举办祝贺派对，有趣的是，出席的宾客也会像参加婚宴一样，赠送礼金给主人作为派对的补助款。

成年礼时，家人和亲戚都会给成年的孩子钱，平均一个人会给 200 美元左右，所以如果有 100 个人来，孩子就会拿到高达 2 万美元的巨款。这天拿到的钱，全都属于孩子，所以犹太青年就会烦恼，要怎么样利用自己账户里的存款，因为他们认为"钱不是赚来的，而是以钱生钱慢慢增加的"。

犹太父母
毫不迟疑地训谕

——出自严格的爱,若用右手惩罚他,就要用左手拥抱他

犹太人很重视孩子的礼仪教育,所以当孩子做错事时,他们会毫不迟疑地处罚,让孩子体会到真实的痛苦,帮助他们反省自己的行为。但孩子外出犯错时,父母会等到回家后再训斥他们。

犹太人认为,处罚的目的在于矫正孩子内心的想法,所以他们会毫不犹豫地打孩子头以外的身体部位,但他们并不会打到出现伤口或是危害身体的程度。他们相信,如果不适时地处罚而使孩子继续犯错,父母便难辞其咎。

处罚完之后,他们也一定会带着爱去拥抱孩子,因为他们认为,用右手处罚孩子,就必须用左手拥抱孩子,这才是最爱孩子的表现。

犹太父母很重视规范与规定，最晚在3岁时就会教导孩子基本的规范，即使他们认为孩子是上天的礼物，遇到该管教的时候也会毫不犹豫地训斥、处罚。

犹太父母会在家里教导孩子家庭规范，包括外出时要向家人说一声再出门，要在说好的时间回家，自己的房间要自己整理，吃完饭后要自己把碗放到水槽，东西用完要物归原位等。父母在管教孩子时，最困难的就是决定处罚的原则，因为没有原则地处罚，很可能会使孩子变得叛逆，当孩子做出危险行为，或是影响他人的行为时，就需要立即管教。

没有原则地宽容、错过管教的时机，或是父母经常展现自己郁愤难平的心情，都会使孩子的习惯变差。如果下定决心要管教，那就必须严格且果决地训斥。比如，孩子不守规矩地哭闹或是影响别人时，是绝对需要训斥的。

在管教孩子的时候，绝对不能掺杂个人感情，必须具体指出他们做错的事情，如果管教时掺杂了个人情感，就会让孩子的心受伤。

犹太人在管教孩子的时候，会采取一贯的态度。管教之前，他们会冷静地向孩子解释他们究竟做错了什么，不是强迫他们服从命令，而是通过对话与讨论，来帮助他们了解规定的正当性，之所以采取这样的态度，是因为孩子并非父母管教的对象，而是值得尊重的独立个体。

同时也要明确告诉孩子，违反规定会产生什么后果，让他们知道如果没有遵守规定，会发生什么不好的事情，他们才会有责任感，从而帮助他们遵守规定。

犹太父母认为孩子犯错时，不应该把之前犯的错也一起拿出来讲，世界上没有不会犯错的孩子，所以当他们犯错时，只说当下所犯的错误就好，至于之前的错误，等到再犯时，再处罚也不迟。

当然，孩子犯错时，应该适当地惩罚，但父母最好不要什么事情都想干涉，尤其是个性比较鲜明的孩子，越是干涉，他们的性格就越容易扭曲。要保持合适的尺度并不容易，所以如果遇到这样的情况，最好定一个标准或是原则，要求孩子自律。

个性很强悍的比尔·盖茨，曾经也是个非常讨厌父母干涉自己的孩子，父母一干涉，他就会变得很叛逆。后来他的父母去找心理学家，请心理学家观察他一年，最后得到不要强迫或干涉他的答案。

从那时开始，父母便只为他定下准则，让他自由地去做自己想做的事，令人惊讶的是，比尔·盖茨就这样开始改变了，而后面的故事就像我们知道的那样。

犹太父母在惩罚小孩儿之前，会先思考"这样的惩罚真的有效吗？有没有其他方法能够改正这个错误？还有没有更好的方法？"再以一贯的态度处罚孩子。如果要孩子遵守日常规范，那父母自己也一定要遵守，因为父母就是孩子的镜子。

如果孩子养成了遵守规范的习惯，那管教起来就简单多了，只要对孩子说"要把玩具收拾干净""现在该睡觉了""该吃饭了"就好，不必看着散落一地的玩具叹气，也不用追着孩子要他们来吃饭，重点不是父母无条件宠着孩子，而是要定下合理的规范要求他们遵守。当孩子犯错时，父母不要大声责骂，要求他们盲目服从，因为这会伤害孩子的自尊心。

称赞也与管教、责骂一样困难，责骂的方法不对，孩子可能会感到自卑，错误的称赞则会使他们变得过度自大。

在学校取得好成绩或考进好大学时，要同时称赞他们努力的过程和结果，如："你这么认真准备考试，能有这么好的结果真是太棒了，恭喜你考进好学校。"用这种方式来称赞他们努力的过程，就能够帮助他们提升自信。

但不能用"你最棒""你好厉害""真不愧是我儿子""我女儿真聪明"等方式来称赞，如果一不小心把孩子吹捧得太高，就可能会使他们变得傲慢。

我们需要反复思考《塔木德》中说的："内心贫穷的有钱人没有子女，只有继承人。"这句话究竟代表什么意思？"富不过三代"是我们熟悉的一句话，让我们一起来想想，为什么犹太亿万富翁的第二代、第三代当中，依然有很多人非常富有？

犹太父母不会轻易
把孩子想要的东西给他们

在孩子可承受的范围内，刻意制造困难

犹太人会在孩子可承受的范围内，刻意制造逆境或困难，当孩子要求什么东西时，大人不会马上提供，而是让孩子自己努力获得。

他们会让孩子分担家务，通过帮忙做晚餐、整理床铺、倒垃圾、打扫房间等工作赚取零用钱。让孩子积极参与家中事务，也可以培养他们的生活能力，教导他们身为家庭成员要一起分担家务，培养责任与义务。

生活中最重要的就是吃东西，所以他们也会让孩子做一些准备蔬菜、清洗食材等简单的厨房工作，即使是富有的犹太人，也会依照自己过去所学来教导子女做家务。

犹太人会刻意寻找机会教孩子做家务，如：洗碗的时候，他们会把盘子递给孩子洗；打扫房子时，让孩子去打扫自己的房间，让孩子亲身体会做家务的困难之处，让孩子通过做家务亲身学习、了解当自己觉得辛苦时，其他人也很辛苦。

即使会有些辛苦，犹太人也要教导孩子如何过得节俭、谦逊。他们并不会因为孩子想要就轻易把东西买给孩子，他们会教导孩子为什么要勤俭节约，并且要孩子说出为什么想要那个东西。在给孩子买东西时也不会全额支付，而是要求孩子用平时存下来的零用钱负担部分金额，这样一来即使是小东西，孩子也不会随意丢弃或不当一回事。

他们不会给孩子零用钱，而是要求孩子做家务、到家附近打工、卖掉用不到的东西来赚取零用钱，所以我们经常可以看到犹太孩子在家附近贩卖他们用不到的书或者玩具。而且犹太人从很早就开始培养孩子和人讨价还价、卖东西给别人的理财能力，为了帮助孩子经济独立，父母需要进行这样的家庭教育。

犹太父母认为过度富足的物质生活会害了孩子，他们认为过度的富足是一种"隐形的家庭暴力"，所以犹太人很重视"延迟满足"的教育，他们会避免孩子过度满足，并且延后孩子满足的时间，提供适当的不满足感，借此教导孩子。

如果立即就能获得想要的东西或是过度满足，孩子就会认为自己可以获得特殊待遇，进而变成一个自私的人。不懂得珍惜物品，也无法忍受困难与痛苦，更无法区分好坏与对错，最后成为一个挥霍无度、花钱如流水、毫无责任感的人。

以爱为名无条件地满足子女的任何要求，反而会让孩子变成一个不懂得自我节制的人，父母不够坚强便无法把孩子好好养大，这是人类共通的真理。

孩子在2岁之后就会产生自我意识，他们可以理解大人说的话，也大概可以区分什么事情能做、什么事情不能做。从这个时候开始，父母就要有意识地训练孩子接受延迟满足，一开始只需要很短暂的时间，之后再慢慢把时间拉长。这同时也能够帮助孩子增加自信，但如果一开始就把延迟满足的时间设置得太长，孩子会失去自信，很快就放弃。

如果孩子可以控制自己，成功地达到延迟满足的目标，父母就要立刻称赞他们，培养他们等待的习惯。如果在游乐场玩或是与朋友一起玩玩具时能按照顺序来，也要称赞他们懂得遵守秩序、懂得礼节的态度。斯坦福大学的"棉花糖实验"就在管教孩子上为我们带来很大的启示。

教育孩子时，父母应该后退一步，让子女有足够的空间独立成长。

TIPS 棉花糖实验

美国斯坦福大学曾经进行过一场延迟满足的实验。研究团队以 653 名出生在白人中产阶级家庭的 4 岁幼儿为对象,进行"棉花糖实验"。

研究团队在房间里给这些孩子每人一个棉花糖,并告诉他们 15 分钟内如果没把棉花糖吃掉,就可以再获得一个额外的棉花糖当奖励。

4 岁的孩子面临"要现在把它吃掉,还是等等再把它吃掉"的抉择时,要他们等待 15 分钟实在不是件容易的事。这些孩子当中,一些孩子忍不住立刻就把棉花糖吃掉了,另一些孩子等到了最后,成功获得奖励。忍耐 15 分钟获得奖励的孩子,大约占所有参与实验孩子的 30%。

研究团队后来继续追踪这些参与实验的孩子,结果显示,等到最后才吃,实现延迟满足条件的孩子,他们的大学入学能力考试(SAT)分数,平均比那些抢先一步吃掉棉花糖的孩子高 20 分,而且他们在大学毕业之后,找到理想工作的比例也比较高。

幽默小故事

协商

哥哥和弟弟为了一块点心大打出手,两人都想多吃一点,所以争着要切这块点心。力气比较大的哥哥抢走了刀子,切了很大一块给自己,而觉得自己那一份比较小的弟弟,便大声哭了起来,在一旁看到整个过程的妈妈站了出来。

妈妈说:"等等!儿子啊,你用力量把刀子抢过来,切了点心,那是不是也该给弟弟一次选择的机会呢?你如果切了点心,那选择要吃哪一块的权利就该让给弟弟。"

听完这番话之后,哥哥便把点心重新切成了相同的大小。

> 己所不欲,勿施于人。所以协商的最大力量就是换位思考,站在对方的立场想想。

为什么犹太人被称作"立约的国民"？

——重视节制、遵守规范、坚守正义的犹太人

犹太人不仅在饮食方面遵守规范，连日常生活也谨守本分，他们教导子女，在日常生活中也要遵守、实践律法，包括生养孩子、遵守安息日、洁食与祭祀、重视正义、尊敬父母与老师、帮助贫穷之人、帮助流离失所的人、保持卫生、保护自然环境、保护人类尊严等，有很多都是我们也能感同身受的内容。

犹太人从小就教导孩子，让他们知道律法规定什么事该做、什么事不该做，并要求他们遵守这些规定。他们认为从小就好好管教，孩子长大成人之后实践律法就容易许多。

我们常说犹太人是"立约的国民",像莎士比亚《威尼斯商人》中出场的高利贷商人夏洛克一样,犹太人非常看重约定。夏洛克的契约上写着:"若不遵守约定,就必须割下一磅的肉。"这个人物展现出了犹太人对金钱十分执着的黑暗面,但另一方面也强调了犹太人相当重视约定的观念。犹太人言出必行,借助诚信,一些犹太人在商业上获得了巨大成功。

犹太人在酿造他们爱喝的酒时,会遵守洁食规范。若要取得洁食认证,就必须用种植 4 年以上的葡萄来酿酒。

葡萄田也要每 7 年就"休息"一次,在每 7 年一次的安息年当中,会什么也不种让土地"休息"。过去土地为了滋养葡萄而变得疲惫,这样可以帮助土地恢复原本的活力。

酿造洁食酒的人也必须是遵守安息日的犹太人,因为他们认为,能够按照规范做出食物的人,一定也会过符合规范的生活。

犹太人的洁食规范非常严格,不光是食材,从耕作到屠宰用具的选择、洗涤,全部必须按照律法来执行,他们吃东西时也必须遵守这样的规范,所以通常都是在家中用餐,很少在外用餐。这样彻底遵守规定的习惯,也充分地展现在对子女的教育中。为了让孩子知道守信的重要性,他们绝对不会给不遵守用餐时间的孩子吃饭。

我们经常会与孩子约好说："明天读童话书给你听。""明天买玩具给你。""明天买鞋子给你。"但却常常不会遵守约定。有时我们因为疲倦，为了逃避一些麻烦的事情，总是先用言语安抚孩子而定下约定，最后却总是无法遵守约定，这么一来，孩子的脑海中就会对总是说谎的爸妈留下不好的印象。

我们一直没有察觉这件事的重要性，用那些无法遵守的约定来任意对待孩子，在这种环境下长大的孩子，自然也不会遵守约定和规范。

犹太人在商业往来时，一定会遵守约定。他们签约时很重视诚信，他们相信只要有诚信就一定会成功，诚信会帮助他们成功，诚信就是财富的源泉。

已经习惯诚信的犹太人，在和其他人交往时也可以适应得非常好。他们对每件事情都很诚实、坦荡，所以能毫无顾忌地与他人交往。犹太人的诚实与正直，源自他们不说谎的诚信。

犹太人认为世事
没有正确答案

——如果可以战胜自我，那就能战胜任何人

德国人曾称犹太人是"空气人"，因为他们就像空气一样有超强的适应力，可以渗透任何地方，是勇于挑战极限，并努力寻找机会的民族。作为曾经失去国家的异乡人，在没有可以安身立命之处的现实中经历苦难，所以他们事事都必须谨慎。

为了活下来，就必须战胜逆境、锻炼自己，让自己变得更加强大。犹太民族这个共同体的命运，就是必须在世界上找出所有的机会，并且为了现实的富足而虚怀若谷。

更重要的是，他们明白世界上不是所有的事都有正确答案，所以要借学习与智慧来锻炼自己，找出生存之道。因为不知道什么时候就会被赶出现在居住的地方，所以能够拯救自己的就只有智慧与知识。

犹太格言说："如果你想活下来，那就不能靠吃、喝、玩、工作，而是要靠智慧。"犹太人将民族的共同经历当作教训，代代相传至今。

《塔木德》教导犹太人："一定要每天都花时间反省自己的缺点，养成通过他人的角度来观察自己的习惯。"这是在强调要了解自己的弱点、缺点，要懂得反省自己。

犹太人相信，只要能战胜自己，就可以战胜任何人。他们做事时会避免太极端，而是维持中庸之道，因为他们相信最大的对手就是自己，所以会尽可能地维持生活的平衡。

从喝酒这件事情上，也可以看出犹太人的人生观。

《塔木德》中记载："酒是缓解紧张最好的解药。"酒是犹太人生活的一部分，是他们相当熟悉的东西，安息日的餐桌上绝对会有红酒，庆典、结婚典礼、葬礼中也一定要喝上一两杯，但犹太人不会过度饮酒，他们会尽可能地保持平衡、维持中庸之道，要求自己适度饮酒。

《塔木德》说："判断一个人的四个标准，就是金钱、酒、女人与时间。"这4样东西对人都很有吸引力，但不能超过一定的标准，这些东西一不小心就可能毁掉一个人，所以必须维持平衡，把这些东西当成是对人生有益的朋友。性也与酒一样，他们面对性毫不遮掩，不禁欲，也很自然地接受这件事。当子女对性感到好奇时，他们不会压抑子女的好奇心，更不会摆出尴尬的态度，而是当成一个很普通的话题，自然且简单地阐述事实。

犹太人在对子女进行性教育时，会教导他们要有正确的穿着、摆出正确的姿态，以避免在道德上出现瑕疵。他们在服装的教育方面非常严谨，会要求子女穿着端庄，并且要为人端正，还会告诉子女，男女之间的事关乎父母的名誉，所以与异性交往这件事绝不能马虎。

犹太人比任何一个民族都重视时间，他们会不断问子女："今天做了哪些事情？没有浪费时间吧？"教导子女要有效利用时间。

为了珍惜每一分每一秒，他们必须过规律且不虚度光阴的生活，他们认为只要努力就能赚到钱，但浪费掉的时间却不会再回来；他们认为辛勤一天到最后，最好的结果就是已好好管理时间。

犹太人为了爱惜自我，每个星期都选定一天为"安息日"，在那天让自己好好休息。对犹太人来说，安息日就是最有质量的时间，也是恢复自信的时间，他们以中庸之道和平衡的观念来享受人生，同时不会忘记让他们得以生为人的食物以及父母。

早早就通过《塔木德》培养出思考能力的犹太人，会运用自己的思考能力，配合具体情况发现新的机会。因为他们相信，这世界上的事情没有正确答案，所以人生必须维持中庸与平衡。

如果发现那种若有似无，眼睛看不见、如空气一样无形的机会，他们就会努力去挑战。正是因为这样，犹太人才成为现在这个小巧但强悍的民族。

TIPS 犹太植树节

犹太人的节日中，有一个叫作"犹太植树节"（Tu B'Shevat）的节日，这天代表着"树木的新年"，他们会感受自然的伟大，并和孩子一起种树。

他们还会在这天吃水果干，回忆祖先历经苦难，无法吃到新鲜水果的过往。他们会将失败的历史变成节日，回忆并感激民族的历史与祖先，并从中找出属于自己的答案。

幽默是最具知性的对话

—— 享受幽默、重视团体意识的犹太人

即使只有几个犹太人聚在一起,他们也会将幽默当成生活的一部分,在对话中保持幽默,以机智的幽默打开话题,以达到和人交流的目的。

为了在众多的压迫与苦难中,不失去希望,继续活下去,犹太人总是保持幽默,他们的幽默并不只是单纯的玩笑话,而是从悲伤与诙谐中升华出来的智慧。

犹太人借幽默的力量克服对生活的紧张,撑过苦难与压迫,培养团体的归属感。所以,对他们来说幽默是特别的。

犹太人不追随权威,这种不盲从权威、怀疑权威的精神,使得犹太社会更加进步。

总统、拉比、大富豪，所有的犹太人都能在自己身上发现玩笑，懂得享受笑话。据说爱因斯坦获得诺贝尔奖时，就曾幽默地说："培养我的是幽默，而我所能展现给大众最好的能力就是说笑话。"

犹太人认为有智慧的人就是幽默的人，所以日常生活中的对话也充满着幽默。

犹太孩子会通过与父母的日常对话，自然地熟悉幽默的方法，因为家人、亲戚都是懂得享受玩笑与幽默的人，所以他们便能很自然地学会幽默。幽默是缓和紧张关系的智慧工具，也是培养社交能力的重要元素。

犹太人认为，要成为一个成熟的人，就一定需要幽默感，为了家族的和睦，最重要的就是帮助家庭成员放松紧绷的心，幸福快乐地生活，所以亲子之间也总是保持幽默。笑容与玩笑可以帮助子女不那么紧张，也可以缓和亲子间的关系。孩子如果开父母的玩笑，父母也会机智地回应。

他们认为幽默就是最有智慧的对话，家人之间那种毫无隔阂互开玩笑的和睦气氛，可以让大家更轻松，同时也具有教育意义，因为幽默能够帮助我们从不同的角度看事情。

从拉比马尔文·托凯尔的著作中，就能看出犹太人逗别人笑的智慧。有人问他："画家为什么总是在画的下面签名？"他回答："这是为了让持有这幅画的人不要把画挂反。"

有个男人问一位名作家:"犹太人为什么要在旷野里做一头黄金小牛?"作家机智地回应说:"很简单啊,因为原本是要做一头大黄牛,结果发现金子不够,只好改做小牛。"

卓别林是拥有犹太血统的国际知名喜剧演员,他将笑声化为动力,以《大独裁者》中嘲讽希特勒的哑剧演出而闻名。犹太人的幽默感是为了克服苦难,是将一切升华为笑容的集体智慧产物。

《塔木德》中说:"再长、再坚固的铁链,只要缺了一环,也无用武之地。"

这句话是将每一个犹太人比喻成环环相扣的铁链,齐心合力建立起这个民族。犹太人会通过合作与竞争,来教导子女爱护兄弟姐妹,自古以来他们就有和兄弟姐妹竞争的想法,并在与手足争吵、和解的过程中成长。犹太父母教导子女不要相互比较,而是通过合作与竞争来达到友爱的目的。

而另一个可以通过竞争与合作学习友爱的对象就是朋友。《塔木德》中说:"贤明的朋友会造就一个贤明的人,愚笨的朋友会造就一个愚笨的人。"

人生在世,很少有人能像朋友一样,对我们产生巨大的影响。有句话说:"看一个人的朋友,就能知道他是怎样的人。"《塔木德》也教导犹太人:"要和比自己更好的人做朋友。"这句话的意思是,要通过竞争与合作,与能够帮助自己人格成长的好朋友来往。大多数成功的犹太人，都曾说过他们是通过与他人分享自己的才能而获得成功。犹太人相信，与益友来往能够建立起会带来成功与幸福的人际关系，这是因为在学习与他人交流的方法时，他们也在培养自己的社交能力。

犹太人认为人际网络非常重要，身在异地，犹太人若不互相帮助便很难生存。前往美国的贫穷犹太人，之所以能够比其他民族更快站稳脚跟，就是因为他们有互助的人际网络。

犹太人为了建立人际网络，会尽力与他人交往，知名的犹太富豪罗斯柴尔德家族便是最好的例子。罗斯柴尔德家族平时在各方面累积起来的人脉，成了帮助他们在欧洲战乱中获得庞大利益的关键因素。

犹太人很现实，也很讲究逻辑，这与过去遭受迫害与压迫的历史有关，也造就了他们从现实层面去思考的个性。

拉比总是会以现实的情况来判断、思考，也会以现实的标准来公平仲裁人们生活中发生的纷争。犹太人这种讲究现实的思考方式，甚至会让他们认为不能完全地相信父母或自己的伴侣。这是因为他们一方面希望子女能够独自在这险峻的世界中活下来，而另一方面为了活下来而必须战胜现实这件事，也代表着人生非常辛苦。

《塔木德》教导他们"这世界上没有比贫穷更悲伤的事，贫穷是所有痛苦中最致命的"。犹太人认为，如果不教导子女正确的经济观念、培养他们的生存技巧，那就与养一个小偷没有两样。

他们认为，摆脱贫穷的不二法门，就是在这个世界上生存下去，之后才能从事慈善活动、享受艺术。

为了在痛苦之中不失去希望，可以继续活下去，犹太人学会了幽默，而为了在这个世界取得胜利，犹太人产生了团体认同。他们彼此帮助，重视人与人之间的往来与交流，会运用人际网络取得现实的财富。

犹太人之所以能取得成功，其秘诀就在于他们的思考方式非常现实，并不会宣称世界上有圣诞老人的存在。

TIPS 犹太人的普珥节

节日可以一起庆祝、纪念属于整个民族的历史与传统，在培养团体意识上能发挥很大的作用。而犹太人的独特节日之一普珥节是为了纪念公元前5世纪，流落波斯帝国当奴隶的犹太人免于被灭族的日子，这天是犹太人一年当中笑得最开心的日子。

普珥节又被称为签节，普珥在希伯来文中是"抽签"的意思。普珥节这个名字源自一位名叫哈曼的波斯宰相，当时波斯王后以斯帖是犹太人，王后的亲戚末底改对哈曼不敬，哈曼便欲密谋灭掉末底改及其全部族人。哈曼为了决定要在哪个日子消灭犹太人而抽签，得出亚达月（12月）是吉月，于是想要在这个月的13日灭绝犹太人。但末底改与以斯帖的禁食、代求，扭转了整个局势，使得原本要被灭除的日子变成了犹太人的狂欢节。

对犹太人来说，普珥节是个喜悦与解放的好日子，值得大肆庆祝，所以他们会办得盛大华丽，做各式各样的打扮，吃一种象征哈曼的点心。虽然他们平时不会饮酒过量，但这天，他们到了晚上会一直喝葡萄酒直到醉倒。

普珥节最有名的就是短剧，他们会将平时具有权威的东西，编成短剧当作取笑的对象，在学校会将平常很凶的老师作为短剧的主角，夸张地模仿对方的衣着、特殊的说话方式与走路的样子，而被嘲笑的当事人，也会一起笑着享受这个节日。

犹太人重视
隔代教育

——称赞过程胜于结果，
将使成就感与自信心倍增

派翠西亚·波拉蔻写的《蜜蜂树》中，描述了一位犹太老人教导孙女读书的故事。爷爷告诉觉得读书很无聊的孙女，书比蜂蜜还要甜美。爷爷每次和孙女共读一本书的时候，都会滴一点蜂蜜在孙女的舌尖上，在教导孙女读书之前，会对孙女说一些祝福的话。孙女很快就体会到读书的美好，并找到了读书的乐趣。

自古以来，韩国的传统大家族都会采用隔代教养的方式，祖父母和孙子、孙女一起生活，教导他们礼仪规范与生活的态度。根据记载，朝鲜王朝著名思想家李滉也曾经以隔代教养的方式参与孙子们的教育，他与孙子通了100多封信，借通信的方式教导孙子的生活习惯、学习态度与礼仪规范。

公元1560年，李滉在寄给孙子的信中写道："今天看到安东那边传来的科举考试合格名单，得知你们合格的消息，即使知道这只是侥幸，但还是高兴得不知所措……虽然你已经在读《周易》，但《启蒙》也非读不可，千万不可以放松，希望你们能尽快回去开始阅读《启蒙》。"从这段内容中可以得知，大学者退溪李滉先生，非常热衷于教育自己的孙子。

在韩国的传统中，祖父母不仅能帮忙养育孩子，更能肩负起教育的责任，他们能够全面负责孙子们的饮食、穿衣、用餐礼节、说话方式等。在那个没有现代幼儿教育设施的时代，祖父母就是在自己房里，让孙子坐在自己的膝盖上学习；若是男孩子，到了上小学的年纪，就会在爷爷的书房学习招待客人的礼仪、与大人沟通的日常生活交流方式等。

美国北卡罗来纳大学的一位教授，就曾经研究过祖父母与孙子孙女的关系。研究结果显示，地理上接近，或是常与祖父母接触的孩子，上学时的成绩和长大之后的成就相对而言比较好。

美国艾奥瓦州曾经为了找出对青少年人生带来影响的变量而进行过一个调研，这个调研也得到了类似的结果：越常与祖父母见面、认为祖父母是人生中重要变量的孩子，越不容易受外界影响，可以发挥自己的学习能力，父母离婚、分居、经济困难等，都不会影响他们的学习能力。祖父母的存在，在孩子的内心铺垫了最扎实的基础。

美国历史上第一位黑人总统奥巴马曾说："祖父母是我的英雄。"毫不吝惜地表达了对祖父母的爱。2008年大选前两周的紧张时刻，奥巴马还到病房去探望自己的外婆，对奥巴马来说，祖父母是相当于父母的存在，他之所以能以黑人的身份打破种族藩篱，成为美国总统，祖父母发挥了极大的影响力。

奥巴马自小父母离异，10岁时母亲把他托付给其祖父母。他的生活中有许多会为他带来负面影响的因素，黑色人种、单亲家庭、母亲再婚且在他的成长中缺席，但奥巴马在祖父母的教导之下，成为了美国总统。

他能进入知名的哥伦比亚大学、哈佛法学院，也受到祖父母很大的影响。黑人混血使奥巴马经历了认同危机，而外公也教导他要多和黑人朋友交流，增加自己的阅历。后来奥巴马回忆："祖父母告诉我，爱、对学习的渴望，会让我们做更有意义的事情。"祖父母的爱与支持，成了奥巴马的希望，所以奥巴马也让自己的孩子和外婆住在一起。他的全名贝拉克·侯赛因·奥巴马当中的"贝拉克"是祝福的意思，奥巴马不就是获得了祖父母满满的祝福吗？

美国意识到隔代教育的重要性，便自1978年起将每年9月的第一个星期日设为"祖父母日"。

随着社会进化至核心家庭[1]，双薪夫妻最大的困扰就是工作的时候必须找地方托婴，孩子会对代替父母照顾自己的人产生依恋，同时这种依恋的感情对孩子也非常重要。

曾经有份问卷邀请700位20—40岁，有长辈帮忙教养孩子经历的女性，表达对祖父母隔代教养的看法，接受调查的人中，有45%的人表示孩子的情绪更丰富，19.5%的人表示孩子的健康情况更好了等正面意见；但也有为数不少的负面意见，诸如56.6%的人觉得孩子变得没有规矩，以及26.3%的人认为孩子的生活习惯变差等。

即便如此，仍有30%的双薪夫妻，会以祖父母对自己的孙子孙女照顾有加、注意孩子的安全为由，将孩子交给祖父母照顾。

不过祖父母承担这种晚年育儿的责任时，自然也会遭遇很多问题，虽然心里很愿意帮忙照顾、养育孙子孙女，但体力上无法负荷。其实祖父母也会说："孙子孙女来家里是很开心，但他们走了之后我们会更开心。"祖父母虽会因为孙

---

[1] 核心家庭是指由一对夫妇及未婚子女（无论有无血缘关系）组成的家庭，也称小家庭。

子孙女撒娇而开心，但要照顾他们，在体力上确实有困难。

以60岁以上的祖父母为对象实施的精神健康调查结果显示，一星期花4小时以上与孙子孙女一起生活，祖父母的生活满意度会提高，罹患抑郁症的概率则降低；相反，全天候育儿的祖父母，身心都会承受极大的压力。这个结果告诉我们，虽然有些时候迫不得已要完全将养育孩子的责任交给祖父母，但祖父母如果能花费适当的时间陪伴孙子孙女，也对维持精神健康有一定的帮助。

TIPS 恢复弹性研究

在经历逆境或失败之后,即使处在艰难的大环境下,仍然有能帮助自己恢复的力量,就叫作恢复弹性。在夏威夷考艾岛(Kauai)的宗教研究当中,就曾经以儿童当作恢复弹性研究的对象。20世纪50年代的夏威夷考艾岛是个充斥着失业、酒精中毒、毒品滥用的地方。心理学家艾美·维尔纳调查了在考艾岛出生的800名新生儿,并在未来的40年持续追踪他们。

她将处在最恶劣环境下的201名调查对象区分出来,集中调查他们的生活。调查结果十分惊人,这201名生长在恶劣环境的儿童中,有35%获得了相当大的成就。他们在学校取得非常优异的成绩,成为学生会会长,拿到奖学金,相当于模范生。在调查这些例外的过程中,艾美·维尔纳发现了恢复弹性的这个现象。她发现,如果幼年期有人以爱来养育这些孩子,或是孩子有一个爱着自己、支持自己的家庭成员,那他们就会拥有恢复弹性,不容易被外界影响。

即使不是家人,而是地区社会中受人尊敬的老师、特别照顾他的好邻居、好朋友等,只要有一个懂得支持、珍惜他们的人,孩子就会拥有可以克服恶劣环境的恢复弹性。

同理心与支持，
哈柏露塔子女对话法

——对话的内容不该是单方面的教导，
而是阐述个人见解

哈柏露塔是以为对方着想、尊重对方为基础，进行对话与讨论的交流方式，没有任何一方握有主导权，两个人站在同等的立场对话，互相倾听对方的想法、阐述自己的见解。

与伙伴进行哈柏露塔式对话之后，会感觉和对方更加亲近，心情也会更好，这种懂得为他人着想、尊重他人的交流方式，是所有人际关系的基础。与孩子的对话也是一样，父母尊重并顾及孩子的立场，就可以维持良好的关系，但如果父母单方面握有主导权，那无论多么努力与孩子对话，都很难与孩子交心。

韩国电视台播出的综艺节目《爸爸，我们去哪儿？》

中，尹民秀和尹厚父子的对话方式，让很多人产生共鸣。尹民秀是用称赞、灌输乐观想法的方式来和儿子沟通。他们在泥滩上挖贝壳的时候，独自一人挖贝壳失败的儿子不开心地说："我可能不太会找。"这时候尹民秀没有把自己找到的贝壳挖出来，而是让儿子去挖。儿子挖出贝壳之后问："爸，这是我找到的吧？"尹民秀回答："绝对不是爸爸找到的。"用这种方式帮儿子打气。

当儿子说要自己去挖贝壳时，他也毫不吝啬地称赞："我儿子真是男子汉，居然能用手直接把贝壳挖出来，太帅了。"这集节目播出之后，尹民秀的教育方式便引起了讨论，人们赞不绝口："就是因为这样，尹厚才这么聪明伶俐。"

有一种教育理论叫作"皮格马利翁效应"，这是哈佛大学心理学系的罗伯特·罗森塔尔教授在"称赞与肯定为孩子带来自信"的研究中归纳出的。他从旧金山某个小学里随机选出20%的学生，并把这份名单交给老师，告诉老师这是一群智商很高的孩子。8个月后，名单上的这些学生的平均成绩比其他学生高许多，老师的鼓励给了孩子自信，让他们更相信自己可以成功。

另外一个效果完全相反，是叫作"污名效应"的理论。这个理论是说，人一旦被贴上坏人的标签，就会主动去做那些不好的事情。也就是说当你以期待和鼓励去对待别人时，对方就会努力回应你的期待，并让这份期待成真；但一旦你认为某个人是坏孩子，对方的情况就会越来越差。有句话说："称赞能让鲸鱼跳舞。"所以父母必须熟悉鼓励的对话方式，为孩子灌输自信和其他正面情绪。

有一个实验研究"用什么样的方式对话，会使人较容易感到满足"。研究人员要求受试者在对话时，必须努力尊重对方，并观察他们对话的情形。

面对不同的情况，受试者的偏好如下：40%的人喜欢与愿意聆听自己的人说话；50%的人喜欢和有互动的人说话；90%的人喜欢与愿意聆听自己，并和自己有互动的人说话。

实验结果显示，当对方专注聆听说话者说的话，并与其有互动时，说话的人就会说得更用心，同时也觉得自己受到尊重。

在责备与嘲讽下长大的孩子，很容易贬低自己，也很难产生自信。当孩子做错事，大人应该是指责这个行为不对，而绝对不可以责怪孩子本人。

其实在日常生活中，带着顾虑和尊重与孩子对话并不是件容易的事，这是因为父母认为自己的地位比孩子更高，父母会被"我是家长，所以必须教导孩子"的想法支配，从来不曾想过应该把主导权交给孩子。

让我们来看看下面这些对话：

1. 倾听、接受孩子说的话，并表达感同身受

"原来你喜欢这些东西啊，对，这是有可能的。"

"妈妈也曾经这样过，听到这种话我也会生气。"

2. 说一些表示支持和鼓励的话

"虽然很辛苦，但你还是撑到最后了，努力的样子真是了不起。"

"既然你下定决心，那就坚持到最后看看吧，我为你加油。"

3. 表达自己的想法

"你这样让我很难过，感觉你好像在无视我。"

"我希望你可以这么做。"

4. 确认孩子的想法，或是用提问的方式来说话

"你不是因为妈妈叫你去写作业而生气，而是不喜欢我的表情吗？"

"写作业的时候妈妈可以帮你什么吗？写完作业之后你想干什么呢？"

此外还有"你不喜欢我说的话啊。""你是想让我开心

啊。""想要把书读好的人，绝对不会不写作业。""能不能对我说说你学了什么？"，等等，留意孩子的心情变化再与他们对话，这样就会改变他们的行为。

父母经常会用"朋友都在等你，你怎么还这样慢吞吞的？再这样下去你以后怎么办？！"这种方式来批评、指责孩子的个性和行为。

在这样的情况下，父母应该对孩子说："让朋友等你是在浪费朋友的时间，迟到了，快点吧，不要忘记跟朋友道歉。"指出孩子动作太慢这件事本身是不对的，并借机教育孩子。

有时候要孩子说出令他们难过的事，他们不会轻易说出口，只有在相信父母，认为父母会完全接受自己的情况下，他们才愿意敞开心扉。

让我们来看看尹民秀与儿子尹厚对话的例子：成东日先生扮成动物出现在尹厚面前，要尹厚在他的脸颊上亲一下，尹厚害怕地说："对不起，我现在没办法这么做，因为你是牛，而我是人，我们不一样，对不起。"尹厚对动物非常温柔，用这种不伤害动物的方式说话，让对方了解自己的处境与想法，就连大人也很难做到，要有为他人着想的能力才能做到这一点，而正是因为父亲尹民秀采用了与众不同的教育方式，尹厚才养成了这种懂得为他人着想的行为。

TIPS 父母伤害孩子的话

1. 否定孩子存在的价值，打击孩子自信心的话

"我不想看到你，出去！生下你真是太蠢了。"

"你至少要会一点什么吧，怎么你做的每件事都这样。"

2. 与其他孩子比较或是挖苦的话

"你如果有你哥哥一半就好了，你怎么连弟弟都比不上？"

"好啊，要这样是吗？你还真了不起，我们走着瞧。"

3. 催促或是拒绝的话

"懒鬼，动作怎么这么慢？到底在磨蹭什么，还不快点！"

"你在那里顶什么嘴啊，快说啊，想说什么就快说啊！"

此外还有"你这些缺点怎么跟你爸一个样""我怎么会相信你，真是太蠢了"等。

接受孩子
原本的样子

—— 因材施教的子女教育

在养孩子的时候，偶尔会觉得亲子间的互动让人感到愉快，但有时候也会觉得养孩子很辛苦，这是父母与孩子的个性、行为不同所造成的。原本就不同的个性与外在环境相互作用之后，会使我们做出不同的行为，进而互相碰撞、让彼此痛苦。

每个人都有自己天生的气质与个性，这是每个人的独特之处，所以我们很难区分气质与个性的好坏，这就像是问苹果和梨子哪一种比较好一样。

有的人一定要把空间整理干净，也有人完全不在意房间变得像垃圾堆。有人喜欢独处，有人喜欢静静地思考，也有和别人一起玩才觉得幸福的人，这些都是每个人与生俱来的个性。

如果不能理解这种不同，那么当喜欢安静独处的母亲，遇上精力旺盛、充满好奇心的儿子时，就会难以忍受彼此，给彼此带来巨大的压力。世界上没有完美的父母，养育孩子也没有正确答案，但是父母要了解自己的个性，理解并接受孩子原本的样子，尽量减少生气或是让自己有压力的情况发生。

1920年，美国心理学家威廉·莫尔顿·马斯顿博士研究了人的行为模式，发现行为会与环境相互作用，分为支配型、影响型、稳健型和分析型4个人格类型。

在特定的状况下，支配型和影响型会很快把事情处理好，而处理事情较缓慢的则是稳健型和分析型。

当然，每个人会因为所处的环境不同，而与环境产生不同的相互作用，所以我们不会绝对属于任何一种特定类型。在家是影响型人格的人，到了工作场合就很可能会以支配型的方式来做事。但我们可以知道，人格的类型大致可分为这4种。

支配型人格的人处理事情的速度很快，行动是以事情为主而非人际关系为主，他们有很强烈的自我，做事也属于目标导向，所以倾向于很快推动一件事，因为好胜心强，所以不如意就容易生气，虽然会很果决地推动事情，但相对不持久，而且常常没有办法很好地收尾。

影响型人格的人在处理事情时，速度比较快，行动多以人为主，是属于充满正面能量的乐观型，不太接受称赞，喜欢比较轻松自在的气氛，个性开朗，富有创意与想象力，偶尔会做出一些出人意料的事情。

稳健型和分析型人格的人处理事情速度较慢，是不喜欢过度展现自己的消极类型，比起提出自己的看法，更喜欢遵循别人的意见。这两种人格类型的人不喜欢改变，很擅长协助别人却不会站出来当领头羊，虽然看起来会乖乖听父母的话，但其实他们也不会完全听话。

而分析型人格的人则很仔细、做事谨慎，是以事情为中心，每一件事情都会注意细节、追求完美，喜欢计较一件事情到自己可以接受为止，不容易被说服，有责任感，会把自己负责的事情做到最后，如果有人没能坚持到最后，他们就会毫不犹豫地批评对方。

我们常说孩子会与父母很像，但孩子的个性虽然像父母，却并非全然相同，如果父母能了解孩子的个性，用不同的态度来教育孩子，就能有效地减少亲子间的冲突。

支配型人格的父母会希望孩子听从自己建立的规定，常以强迫的态度命令孩子，或是要求孩子照父母的意思来做，比起考虑孩子的个人差异，他们更希望孩子配合以实现父母的目标，所以当支配型人格的父母与支配型人格的孩子相遇时，就会为了争夺主导权不断发生冲突。

支配型人格的父母与分析型人格的孩子，也是不太好相处的组合。分析型人格是不认同自己、不接受自己的类型，所以也不会轻易接受支配型人格父母的强迫。支配型人格的父母和分析型人格的孩子，很可能陷入心理对峙的状态。支配型人格的父母失去控制权时，就会承受巨大的心理压力，但俗话说："没有父母能赢过孩子。"多少还是要让孩子拥有一些决定权，这样才能避免亲子冲突。

与其因为孩子作业写得慢而痛苦，不如退一步静静地看，培养一点耐心。所以支配型人格的父母最需要的，就是细心倾听孩子的需求。

与支配型人格的父母不同，影响型人格的父母则会展现出孩子想要什么都愿意满足的放纵态度。影响型人格的父母不会严格管教孩子的脱序行为或错误，而采取前后不一致的态度，可能会因为过度的爱而产生"我的孩子最棒"的想法，进而不再客观中立，只要遇到孩子的问题就会随便决定。影响型人格的父母必须建立起不变的标准和原则来对待孩子，并从现实的角度来评价自己的孩子。

稳健型人格的父母则会把大部分时间花在孩子身上，即使生气也不会表现出来，因为他们过度包容孩子，所以孩子很容易依赖父母，这样的组合不容易发生冲突，家庭大致也算和乐。

不过稳健型人格的父母不够果决，所以当孩子遇到问题时很容易袖手旁观，或是把权限交给孩子，让孩子自己去处理,这种类型的父母需要表现得更加积极,接受全新的教育信息,也要对这些信息更加敏锐。

分析型人格的父母会希望把孩子培养得端正又完美,所以他们的心中有一套冷静客观的评价标准,这些吝于称赞的父母会不断说明他们的理想,并且确认孩子是否能做到。站在孩子的立场,则觉得总要被父母评价而很有压力,生活十分紧张。

分析型父母需要对孩子更加包容,比起用理论来说服孩子,更需要有肚量接受孩子的想法,以客观的态度来对待孩子固然很好,但也会让人觉得过于冷漠。所以即使是刻意的,也应该努力称赞孩子。千万不能忘记,孩子需要在父母的爱护下幸福长大。这并不是谁的错,但父母和孩子的行为模式如果不一样,就很可能会让人感到痛苦。

因为双方天生的个性就不一样,所以父母更需要为了孩子的幸福努力调整自己的态度。比起生气地想"他为什么会这样?真是疯了!",更应该想"哎呀!他的个性和我不一样",来接受孩子和自己的不同。如果不这么做,支配型人格的父母和支配型人格的孩子,就会天天因为大大小小的冲突而闹得不可开交。

另外,影响型人格的孩子如果有一个分析型人格的母亲,就可能因为母亲的碎碎念感到难以喘息,如果同时有支配型人格的父亲和分析型人格的母亲，那孩子就会觉得人生很辛苦，因为他们没有办法赢过爱控制的爸爸和喜欢唠叨的妈妈。支配型人格的孩子遇上分析型人格的妈妈，生活也不好应付。

父母在面对孩子时要懂得调整自己，与孩子一起玩的时候，要展现出影响型人格父母或稳健型人格父母的态度；教导孩子正确的习惯或礼仪时，则要成为支配型人格父母，比起用自己是家长的态度来控制孩子、带领孩子，更应该配合具体问题弹性应对，这才是父母必须具备的能力。

孩子期待的其实很简单，就是确信父母很爱自己，以及相信自己在家中是很重要的人，享受父母的爱这件事，可以让孩子变得幸福。

面对孩子的问题行为时，采取"你真的要这样吗？要对妈妈这么没礼貌？我真的搞不懂你"的态度，对教育完全没有帮助。有些孩子需要以理说服，也有些孩子必须以责骂的方式严加管教，父母必须配合孩子天生的个性与气质，用不同的方式教养孩子。

会对父母生气、反抗父母，并不是因为他天生是个坏孩子，这样的反抗是孩子希望父母能够了解自己的心。因此，父母在责骂孩子之前，应该先体察他们的心，把他们带往正确的方向，父母和孩子的情绪交流，就是解决冲突的开始与结束。

TIPS 支配型母亲与子女发生冲突的案例

接下来,我们看看支配型母亲与孩子之间对话的例子。

妈妈:"这是你要我做的蛋包饭,快吃吧。"

孩子:"我不吃。"

妈妈:"奇怪,是你要我做的,我好不容易做出来,你这说的是什么话?"

孩子:"我今天不想吃,蛋包饭是我前天想吃的东西,我现在想吃炒饭。"

妈妈:"你快吃。我要怎么再做炒饭?你怎么每次都让妈妈这么辛苦?"

孩子:"不要,我什么都不吃了。"

妈妈:"你还不快吃?"

孩子:"不要,你自己吃。"

从这个对话中,可以发现孩子出尔反尔、违反礼节,对妈妈很挑剔。但其实孩子有不同的想法,他希望妈妈尊重自己的选择,希望自己成为主角、尽情做自己想做的事,但对此,支配型人格的母亲采取了高压的态度,最终引发了亲子间的矛盾。

幽默小故事

寡妇与儿子

寡妇有一个儿子,她决定为儿子奉献自己的一生。她非常用心,让孩子不需要为芝麻绿豆大的小事担心、烦恼。

但她越是用心、付出自己的爱、把孩子当成金枝玉叶一样珍惜,儿子脸上的笑容就越少,也变得越来越软弱。虽然她努力想让儿子露出笑容,但儿子那张发黄的脸却整天打着哈欠,她在儿子身上投资大把大把的金钱,最后把老公留下来的遗产全部用光了,无可奈何的寡妇只好卖掉房子,去找一份工作。

因为辞退了家教,所以她只好把宝贝儿子送去学校。

在学校,儿子交到了调皮捣蛋的朋友,整天一起恶作剧,寡妇则整天提心吊胆。但不知为什么,儿子上学之后,就开始会笑了,儿子和同龄的朋友来往之后,才终于体会到人生的酸甜苦辣,也因此发现了始终被妈妈阻挡的幸福之门。当幸福来到,儿子便得以找回笑容,变得更加活泼。

> 其貌不扬的树木可以保护一座山,开在峭壁上的花朵更加美丽,遥不可及的星星能为我们指引方向。

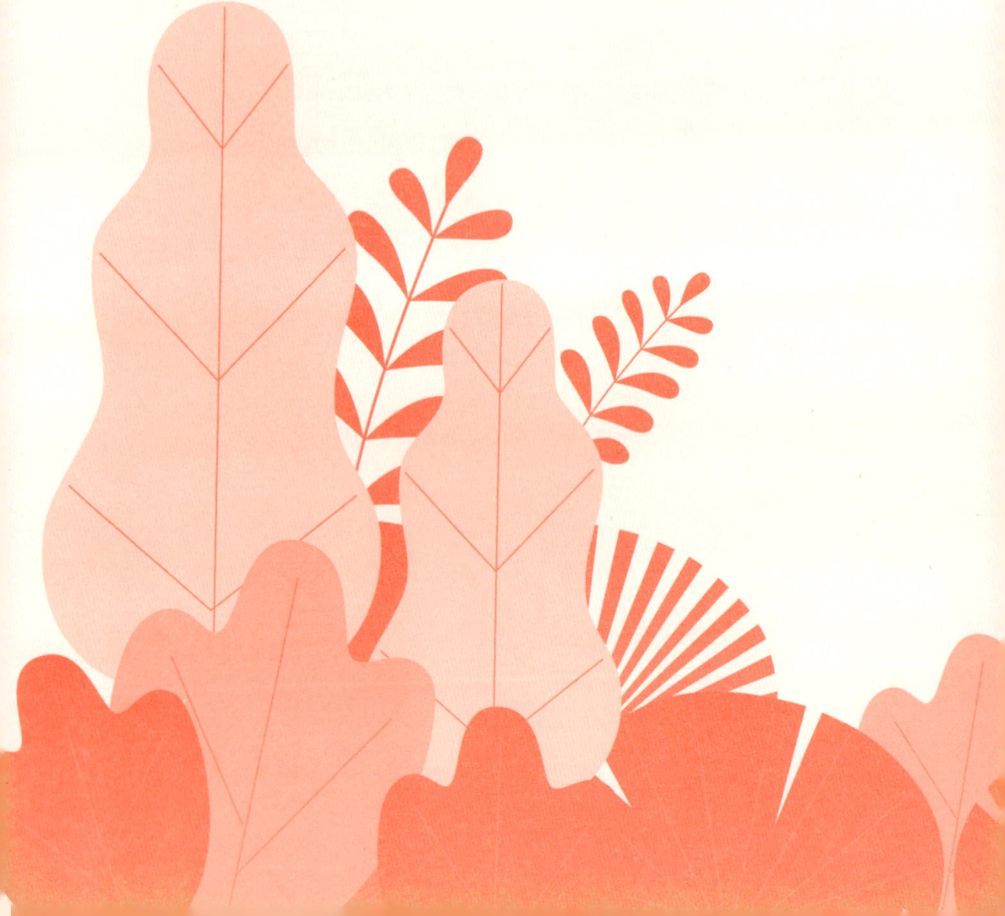

PART
3

犹太人注重培养孩子的与众不同

两人一组的
对话学习法

—— 读书追求的不仅是知识，更是智慧

犹太人认为学习最重要的不是听而是说，所以犹太父母很欢迎子女提问。喜欢说话的犹太人在读书时也很吵，在学校或图书馆，他们会两人一组尽情说想说的话，一边聊天一边读书。

犹太人的图书馆不是安静读书的地方，而是充满对话和讨论的嘈杂空间，甚至会吵到令人难以忍受的程度，看起来就像个没有秩序、没有礼貌的地方，对话与激烈的讨论，就是犹太人的教育文化。

犹太学生有时候甚至会指出老师上课的内容有误，老师确认自己真的出错了，也会若无其事地回以"谢谢"，然后继续上课，这样的上课情形对我们来说很陌生。

犹太学生会为了讨论而事先准备资料、预习课程内容，在搜集资料、预习课程的过程中累积知识，他们会在学校或图书馆跟自己的伙伴碰面，通过对话、讨论，发现自己没有想到的部分，并针对这些内容展开讨论与争辩。

面对与自己想法不同的主张，他们会提出异议，并以理论反驳来拓展自己的智慧，他们会借着问题不断思考，不会全然接受对方的主张，而是以对知识的好奇心不断提问。如果我们是为了追求知识而学习，那他们就超越了知识，是为了追求智慧而学习。

世界上第一个实施义务教育的犹太民族，建立起了无论在世界哪个角落都可以学习的"叶史瓦"。叶史瓦在希伯来文中是"坐着"的意思，隐含着学习《塔木德》要"坐下来研究"的意思。犹太人会两两一组在叶史瓦学习，所以叶史瓦的座位也设计成了能让学生对坐讨论的样子，学生会大声读书，彼此提问、回答，叶史瓦不是静静读书的地方，而是倾听对方说话、提出疑问的地方。

即使是知名拉比的见解，犹太人也可以提出个人意见反驳。他们会提出自己的主张，说出自己的想法与意见，有时候会为了阐述自己的意见，像吵架一样大声说话。

每一个犹太人都会有个伙伴，随时随地提问、讨论、争辩，他们认为自己有权利向对方说出自己的想法。犹太人有一种名叫"虎刺怕"（Chutzpah）的特殊精神，这个词在希伯来文中有"厚脸皮的、莽撞的、过分的"之意。有书中记录说，犹太人对将自己从埃及拯救出来的摩西不满地说："要和埃及追兵打仗的话，那还不如留在埃及算了。"摩西则反驳说，因为耶和华命令他"把犹太人从埃及救出来"，所以自己才无可奈何地做了这件事。

挑战权威、可以毫不犹豫地对任何人说出自己的意见，就是犹太人的虎刺怕精神，许多在学问上或学界获得伟大成就的犹太人，都是在这种环境下长大的。

与伙伴对话、学习的方式，是从拉比们学习《塔木德》的方式中引申而来的，拉比会不断针对《妥拉》的解释进行讨论与争论，以自己的解释与看法做出不同方向的阐释。

《塔木德》是以拉比的争论写成的书，所以《塔木德》会随着不同解释出现许多分支。犹太人会通过《塔木德》来培养思考的力量，通过对话、讨论与争论自由地思考，维护属于自己的人生。

对话与讨论时，如果有不懂的地方就没办法阐述自己的意见，也无法加入讨论与争辩，所以一定要事先准备。提问与讨论的目的并不是找出唯一的解答，也不是决定谁对谁错，而是通过与伙伴的讨论找出新的想法。犹太人的自由对话与讨论，是以对彼此的支持、鼓励以及尊重的态度为基础的，也就是说，对话与讨论的核心在于伙伴关系。

犹太人与伙伴对话、讨论，通过这个过程获得许多一生的至交，犹太人强大的人脉，就是借由对话与讨论累积起来的重要资产。无论是父母、朋友、老师，还是邻居大叔，每个人都可以成为伙伴。

犹太人这种借着与伙伴一起对话、学习，以接触到更多智慧的塔木德学习法，对我们来说也非常有效。

TIPS 朋友教学学习法

朋友教学学习法是一种元认知学习，所谓元认知，是由代表一个阶段较高阶的 Meta 和代表得知某个事实的 Cognition 组合起来的单词，有"认知的认知"的意思，此外还有一个意思是"认识到自己所不知道的事情"。

从学习效率金字塔（参考第 152 页）中可以发现，听课的学习效率是 5%，互相说明的学习效率则是 90%。也就是说，在教导朋友的过程中，通过说明、解释，就能正确表达、整理出自己所知道的内容，这样的能力称为元认知，进而可以让这些内容留在自己脑海中更久。

过去我们总是单方面听老师讲课，但如果有机会再对着同学解释一次自己学过的内容，就会知道自己可以完美说明哪些部分，以及没办法说明哪些部分，那些不太了解的部分，就会通过说明解释被过滤出来。

哈柏露塔成对学习法，就是一种提升元认知能力，努力达到完美学习的学习方法。

如果无法讲解，
那就是不了解

——— 带着疑问观察四周，
会发现这个世界充满了值得思索的东西

犹太人认为一位拉比值不值得尊重，取决于他阐述自己观点的方式和逻辑性，所以犹太人会鼓励孩子好好说出自己的想法，即便孩子提出了荒唐的问题，他们也会认真看待。

但韩国教育重视的是提高学生的考试成绩，韩国人相信考试成绩就是实力，韩国学生接受的评价标准，是强调通过背诵写出正确答案的能力，以及用简单的方式写出自己所知道事情的能力。

在感受不到学习的喜悦、学习动机不足的情况下，学生只是为了得到好成绩而学习，只要考完试就结束了。他们使用的是看过、听过、背过、考过就忘记的学习方式，而且我们还会以有没有答对题目来为学生排序。

无论一个孩子在其他领域拥有多么优秀的才能,只要考试成绩落后别人,最后就会被贴上不会读书的标签。比起学生的多元可能性,韩国教育更注重的是能否快速找出唯一的正解,在这样的情况下,多元思考自然会受到限制。

"又快又正确"就是韩国教育面临的残酷现实。"又快又正确"这句话,适合用来形容机器而不是人,韩国经济研究所所长宣大仁的著作《工作的未来》中,就提到"未来我们应该开发的是,无法被人工智能或机器人取代,专属于人类的能力"。

他主张应该大幅改善教育系统,通过教育培养这些无法被取代的能力,在未来社会找出问题并加以解决、和他人沟通以交流信息、相互合作的能力将越来越重要。

学者艾文·托佛勒也认为,"韩国学生为了未来不需要的知识、不会存在的职业,一天花上15个小时学习",是韩国教育的现实问题。

苏格拉底曾说:"与自己对话便是学习。"他认为,人们不知道自己并不了解自己、什么都不懂,才会觉得这世界充满疑问,所以他总喜欢抓着人问问题。

《塔木德》告诫犹太人:"老师不能单方面传授知识给学生,如果学生只是听老师讲课,那就等同在养一只鹦鹉。经常和学生对话，教育的效果也会越来越好。"

犹太父母教导孩子，要对这世界的一切保持疑惑，所以他们才会从小就开始不断问"为什么"。接连不断的"为什么"，让犹太人在历代诺贝尔奖获得者中占有22%的比例，这也让总人口数不过689万的犹太人，能在人口规模约是其20倍的阿拉伯文化环伺之下与之对抗。

他们的小学不会教九九乘法表，而是让孩子自己用"一个7就是7，两个7就是14，三个7就是21"的方式学习，了解这样的道理之后，九九乘法表就没有意义了。创意不是从背诵开始，而是来自想象力。

如果带着"为什么（Why）"与"怎么做（How）"这两个问题观察四周，就会发现这世界上充斥着许多值得好奇的事。"为什么""怎么做"这些问题，会引发好奇心，也会成为学生的学习动机，如果能带着好奇心去学习，那就会学得乐不可支。

韩国电视台的纪录片《我们为什么要读大学？——人才的诞生》中就做过一个实验，研究使用不同学习方法对学习效率带来的影响。实验结果显示，比起独自一人读书的学生，通过和朋友对话、讨论学习的学生成绩更高。

这也验证了，通过解释与说明来学习，就会启动元认知的能力。

元认知是客观看待自己的思考能力，自己不知道的事情就无法用语言说明，也就是说，这种方式可以帮助我们找出误以为自己已经明白的部分，自己一个人读书就无法通过这个方式进行客观验证，反而容易误以为自己已经懂了书中的道理。

如果用语言说明，就会明显发现自己的不明白之处，因为不懂的地方是无法用语言说明的。学生知道自己不懂的地方，就会为了弥补这个部分建立并执行计划，进而找出正确答案，这就叫作元认知能力。

我们用语言说明一件事时，大脑受到的刺激最大，因为说话的过程中会经过思考，语言会通过不同的感受传递到脑部，用嘴巴说出来就会用耳朵听见，用笔写下来则会用眼睛看见，说话可以同时刺激大脑的不同部位，通过五感来学习，记忆会更加持久。

如果想要长时间记住知识，亲身经历是最有效的方法。通过讨论与争论，我们的大脑会将学习内容淬炼成精华，转变成长期记忆。反驳对方的主张、提出反对的意见，也会引导我们不断思考，放大学习效果。当然，短时间内专注学习内容，并把内容背下来可能会更快，但学习并不是为了获得更多的信息，而是要找出不同的思考方式，将自身投入在多元思考中，自然就会出现有创意的想法。

听、读等被动的学习方式，并不是由自己主导的，所以不复习很快就会忘掉。相反，体验或口述自己亲身经历过的事情，会使记忆更持久。

在学习中，教导朋友等讲述学习内容的方法，学习效率比单纯听课要好上18倍。韩国的教育也必须使用"把学习内容换成自己的语言，再重新诠释一遍"的教育方法，我们需要采用"沉默不是金，无法用语言讲解就表示不理解"的教育理念。

因为在不远的未来，和他人沟通、交流信息、合作的能力，将是最受瞩目的焦点。

TIPS 学习效率金字塔

1957年,美国的行动科学研究所,开始研究可以提高学生学业成就的学习方法。

研究结果显示,不同的学习方法会有不同的学习效率,而研究所也公开了下面这个以数据制成的学习效率金字塔。

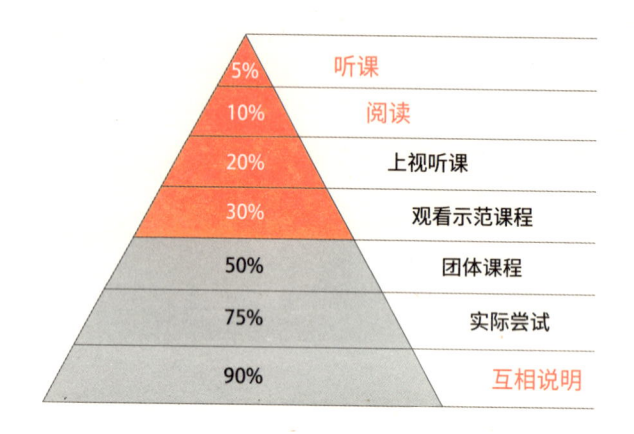

比例	学习方法
5%	听课
10%	阅读
20%	上视听课
30%	观看示范课程
50%	团体课程
75%	实际尝试
90%	互相说明

以一般人的标准来看,使用不同的学习方法,经过24小时还记得的内容比例如下:听课会记得5%的内容、阅读记得10%的内容、上视听课记得20%的内容、观看示范课程记得30%的内容,但互相说明所记得的

内容高达90%。学习效率金字塔将会是翻转韩国教育的契机。

过去，我们的教育是由老师主导的，以老师讲解、学生聆听的单向式教育为主，但从学习效率金字塔的标准来看，对学生来说，这是一种学习效率只有5%的教育方式。

而且学生们要专注听老师讲解，所以必须保持安静，反而是老师可以获得90%的学习效率。也就是说，老师向学生讲解课本内容，反而可以帮助老师整理自己的想法。

犹太人的
提问学习法

—— 和伙伴讨论，成为彼此的老师

《塔木德》中有句话："不假思索接受他人指导的人，会使权力败坏，使自己腐败。"这句话的意思是说，我们不能完全接受别人给的东西，而是要以不同的方式来诠释过去的研究结果，通过提问推出其他的结论。

犹太人认为，如果没有一起进行哈柏露塔的朋友，那就和死没有两样，他们将学习的伙伴当成自己的人生一样重视。与伙伴讨论、争辩，可以帮助他们磨炼自己的智慧，他们可以成为彼此的老师，交流并体察人生的一切。

哈柏露塔的重点在于提问，犹太人的教育不是聆听的教育，而是提问的教育，所以培养提问的能力就成了他们教育的核心。

即使没有问题，他们也会创造问题，世界上的一切都会成为他们提问的素材。

未来社会的成功取决于创意，即将到来的第四次工业革命，将会与至今人类所经历的一切截然不同，如果过去的工业革命是以硬件为主，那么未来就是以人类创意为基础的软件来主导变革。

未来的核心是人，将人与人、人与事物、事物与事物联结在一起的终究是人，这也是我们必须专注教育的最大原因。

如果未来教育继续采用这套以一个答案为唯一正解的背诵式评量系统，那将看不见任何希望。最好的教育系统会教导学生如何思考，未来我们必须培养能够跳脱现有的思考框架，提出与众不同创意的人才。未来的学习将取决于提问与讨论、交流与合作。

近年来，韩国也开始关注提问式教育，有许多人开始实践哈柏露塔教育。韩国广播公司KBS播出的《学习的人类》，在《最好的学习篇》一集中，就展示过两种提问式学习法：一种是通过提问达到交流与合作的牛津大学一对一家教式学习法；另一种则是美国菲利普斯埃克塞特学院的哈克尼斯圆桌教学法。

牛津大学的一对一家教式学习法，是牛津大学特殊的授课方式，是一位教授专心为两位学生提供特别指导的教学方式，以学生提交的短文为基础，教授持续不断向学生提问，引导学生进行讨论与对话，如果没有事先准备好，就无法应付这种高强度提问，这也是英国教育的最佳课程。

美国菲利普斯埃克塞特学院的哈克尼斯圆桌教学法，则是教师与12名学生围绕着椭圆形的桌子坐下，以相互提问、讨论的方式授课。哈克尼斯圆桌取自美国石油大王爱德华·哈克尼斯之名。1931年，爱德华·哈克尼斯捐赠了巨额款项给这所学校，所提出的附加条件便是学校要采用圆桌讨论的全新授课方式。

这两所学校课程的共通点，就在于学生可以自由表达自己的想法，而老师只是课程的辅助，也就是通过提问与讨论拓展思维、培养创意的哈柏露塔学习法。学生们相信自己并不是来学习东西的，而是来分享自己的知识的。秉持借着提问学习的信念，进行以提问与讨论为主的哈柏露塔课程，上课前如果没有事先准备，肯定会被问得哑口无言。

为了让问题更加活络，首先应该建立起"投契关系"（Rapport）。投契关系可以解释成具有包容性的关系，打破老师与学生之间授课与听讲的框架，在这种具有包容性的关系、自由学习的气氛当中，学生自然而然会产生许多问题。

最好的方法就是由老师提问的问答式授课，或是老师以幽默的方式引导学生提问，帮助学生鼓起勇气，缓解学生紧张的情绪。

医生与患者之间也应该有投契关系，否则会对治疗带来负面影响。医生倾听患者说的话，通过对话帮助患者想起愉快的事情，或是以提问帮助他们记起年轻时的回忆，借此累积信赖感，这也代表患者必须相信医生，才能把病治好。

教育专家认为，如果没有带着好奇心去学习，那么学习就像是一篇过目即忘的短文；如果在学校只听老师的讲解，就等同于死读书。所以教育专家建议，在上课之前，学生应该至少先熟悉要学习的课程有哪些内容。

大主题、小主题、表格、图画等，如果在上课之前能够记起这些内容，就会因为事先预习再来上课而感到满足。记住内容这件事，本身就有引发好奇心的效果。

美国的沟通顾问桃乐丝·里兹就在《提问的七个力量》这本书中写道："只要提问，通常就能够获得答案。"她在书里是这么说的：

> 如同我们在日常生活中经历的事物一样，提问也是只要经过训练，就能像条件反射般地获得解答，即便那个答案是错的。

> 如果想要更正确的答案，就要提出更正确的问题，经过这种训练之后，我们只靠提问就能获得好的回答。提问可以在寻找答案的过程中，培养逻辑思考的能力与批判的眼光，也能产生判断行为是否恰当的道德思考。

在以色列，很多地方都会教导一年级学生学习"提问的方法"，提问本身就占了学习的一半，他们追求的并不是比别人更优秀，而是和别人不一样。比起赢过别人，他们更希望问得比别人更深入。

哈柏露塔课程的核心就在提问，大部分的人只要被问问题，就会开始针对问题思考。在现有知识的基础上提出额外的问题将会刺激我们的大脑，我们会为了反驳、说服对方，而进行更深入的思考。同时也需要找出对方理论的弱点，并提出更好的意见。在这样的过程中，大脑会进行批判性、综合性的思考，这个过程便会培养出解决问题的能力。

人类可以通过讨论与争论的哈柏露塔学习法，培养出批判性的思考方式与扩散性思维。哈柏露塔也能够帮助我们通过自由的想象，激荡出奇特的创意。

从好奇心出发去提问，自然就会激发出创意，像"为什么会那样？换成是我的话会怎样？"等，能够当作问题的题材将取之不尽、用之不竭,那些原本只存在于书籍、电视、学校里的事情,都会变成我们提问的对象。

这世界上的一切都具有提问的价值,不提问的人生就如同停止成长一样。孩子越小,他们提出的问题与想象力就越令大人难以招架,因为孩子很纯真,所以非常有创意,他们会不断提出令人难以想象的问题。

遇到这样的情况,千万不能说:"怎么会有这种问题?""不要再问了!"如果孩子因为提问被骂,那他们将不再好奇、不再想象。所以当孩子提问时,父母要有耐心地反问:"你怎么想?""换成是你会怎么做?"因为我们不可能知道所有的事情,所以不妨听听孩子们的想法。

TIPS 哈柏露塔提问法

接着我们将通过犹太人会对子女讲述的"小小犹太人"这个故事,来介绍提问的方法。

有个很矮的犹太人到阿拉斯加伐木场去上班,老板为了给他难堪,便故意给了他一把大斧头,让他做一些困难的事情。站在树木高耸入云的森林里,这个人看起来就像虫子一般渺小,但他的工作技巧十分优秀,胜过每一个高个子。看见这个情景的老板便问他:

"你在哪里学的伐木?"
"我在撒哈拉丛林学的。"
"撒哈拉丛林?应该是撒哈拉沙漠吧?"
"对,我去那里把树全砍了,所以那里才变成了沙漠。"

哈柏露塔提问虽然有很多种方法,但大致可以分成4种。

第一种:以确认内容的方式提问,来弄清楚陌生的词汇是什么意思。比如,"阿拉斯加在哪里?""伐木场是什么意思?""撒哈拉沙漠在哪里?""丛林是什么意思?""伐木是什么意思?"等询问词汇意思的方式提问,或者也可以用"6个W"的方法来提问:谁(Who)、什么时候(When)、在哪里(Where)、做什么

（What）、怎么做（How）、为什么要做（Why）等。

第二种：提出深入的问题，利用"为什么会那样""如果做了……的话""如果……的话""如果真的要做……的话"等假设、类推、推论来提问，针对还没有发生的事情进行想象、提问。比如，"为什么犹太人个子比较矮？""为什么他要到伐木场去上班？""老板为什么想要给他难堪？""难道没有小斧头，只有大斧头吗？""虫子是指哪一种虫子呢？""伐木要怎么做？""撒哈拉沙漠里有什么？"，等等，延伸出故事里没有提到的问题，以此进行思考与想象，所以孩子通常是通过想象提问，来做更多的想象，以对内容有更深入的理解。

第三种：套用性提问，把状况套用在个人日常生活中进行提问。"如果老板想骂我，那我会怎么做？""如果我是那个人，我会认真工作吗？"，等等，试着站在主角的立场去思考提问。

第四种：综合提问。比如，"你从故事中获得了什么启示？""看到这个矮个子犹太人，你想到什么美德？""这个故事的价值观以及给你的启示是什么？"，等等。

这4种提问方式，无论在哪种情况下都能练习，各位可以利用孩子熟悉的童话或是伊索寓言等故事，来和他们一起练习提问，在问问题变简单、越来越熟悉提问的技巧之后，孩子的创意就能够尽情挥洒。

学习与大脑的秘密，
左脑与右脑

——世上有无数个天才，要让孩子与众不同

韩国孩子在断奶之后，就开始学习使用筷子，筷子是吃饭的必备餐具，但是用铁筷正确地夹起食物，把食物扫在一起，把食物切开、拿起、堆积等，其实都是很困难的事情。这需要用到很多关节与肌肉，也会对大脑发育带来影响。

加拿大的著名神经外科医生怀尔德·潘菲尔德设计出了一个大脑图"皮质小人"[1]。他认为大脑从不同身体部位接收

---

1 即 Cortical Homunculus，是一种绘制人体的特殊方式，其中人体不同部分的比例并非按真实比例确定，而是对应着大脑中负责该部位运动与感官功能的区域大小。

到的感觉各不相同，从神经解剖学来看，有一条连接手与大脑的神经。

在这张图上，他着重凸显了手的特别之处，和其他器官相比，手对大脑的刺激、在大脑皮质的感觉，以及在运动方面的掌握都较高。也就是说，擅长用手的人可以给大脑最有效的刺激。

"皮质小人"以身体各器官的大小，来代表对大脑带来影响的神经细胞在身体各部位分布的多寡。从图上我们可以轻易地看出，手可以对大脑带来多大的影响。

人的大脑分为左脑与右脑，两个脑之间由许多神经连接在一起，大脑受到的刺激越多，就能够越快形成以突触相连的神经回路。所谓突触就是脑细胞之间传递信息的神经传导物质。

突触在人类大脑发展的过程中，扮演决定性的角色。突触网络的密集程度，会左右我们对信息的理解、对事件的推理等思考能力。

婴幼儿会把伸手可及的物品塞进嘴里，或是用手把东西撕开、拆开，这也是帮助大脑发展的行为，小时候获得的刺激越多，大脑的成长就越快。我们传统的育儿方法当中，有许多用双手玩的游戏，这些都是能帮助大脑发展的最佳范例。

小时候的大脑发展，有 70% 是靠手、脚和嘴巴推动的，越多动、越常用手，就是孩子越会读书的秘诀。如果希望大脑发达，就要让孩子从小接触可以用到双手的运动或乐器演奏。这些不仅能刺激他们的感性，同时也是帮助大脑发展的最佳教育。

人的身体一动，大脑也会跟着动。"大脑喜欢动"，这句话的意思是，越常锻炼的运动选手，脑袋就越好用。运动选手若要在紧张刺激的团队比赛中取得分数、不失去分数，就必须非常用心，在这样的过程中能让大脑活络，进而产生创意，让他们有最好的表现。

犹太学生会面对面大声读书，一边移动身体一边学习，读书时也会用手一边画线一边读，或用边走边说话的方式学习。

这种一边让身体保持活动、一边学习的方法，也是大脑喜欢的学习方式之一，私塾教育就是最好的例子。古代私塾会让孩子在学习时，大声朗读《四字小学》或《明心宝鉴》，身体还会配合节奏，像在唱歌一样摇摆，这是一种可以唤醒大脑的祖传智慧。

20世纪60年代，美国正式展开左脑和右脑的相关研究。

他们发现，人类的左脑主管逻辑思考，右脑主管创意思考；同时还发现，即使利用手术把左右脑分开，它们仍可以发挥各自的功能。

再深入了解一下左脑与右脑的功能，就会知道左脑主管数理、推理、理论、计算方面的功能，而右脑则主管直觉、观察、创意等方面的功能。

左脑型的人很理性、有计划，行为很符合逻辑，所以很会读书、非常专心，每件事情都锱铢必较、按部就班。相反，右脑型的人则是在直觉下判断，是属于觉得事情好像应该是这样，就会去执行，是比较随性、感性的类型。

但左脑与右脑并不是分开的，它们相互合作，语言表达的单字、语法由左脑主管,语气和语调则由右脑主管。如果任何一边无法正常运作,那他人就会完全无法听懂这个人在说什么。因此左右脑都很重要。

我们可以看看19世纪德国化学家凯库勒(Friedrich August Kekulé von Stradonitz)的例子。凯库勒在研究苯的分子构造时,有天在睡梦中看见6条蛇互相咬着彼此的尾巴,不停转着圈。他觉得很奇怪,醒来之后就想,该不会那就是苯的分子结构吧,于是他便使用6个碳分子和6个氢原子来假设苯的分子结构,后来证实他的假设是正确的。

我们该怎么解释这种偶然?

科学家说这是右脑发挥了作用。我们有时候会遇到考试时解不开的问题,在走出教室后却立刻想出答案的情况,这就是右脑的作用。

这样看来,只要右脑发达,似乎就可以解决很多问题,但事实上并非一定如此,彼此互补的左脑与右脑是很有弹性的。

以前的人不用到学校上课,不需要使用左脑,所以右脑特别发达,也因此比较容易有灵感或是预知的感觉,但近来我们开始通过学校教育帮助左脑发展,所以右脑的功能就相对萎缩了。

如果我们在现实中遇到一个问题,会先用比较发达的左脑去思考解决方法，努力到最后仍解不开的话，就会把问题抛开并启动右脑的功能。假设你有一道解不开的数学题，那不妨去散个步，因为当你穿上运动鞋要去散步的时候，就会启动右脑功能帮助你想出答案。

人类的大脑会配合环境弹性改变，大脑是由超过1000亿个神经细胞交织的联结网络组成，会随着刺激不断改变，只要持续给大脑信息刺激，就会产生新的突触和神经网络来取代死去的细胞。

人类的大脑有可塑性，即大脑会一辈子不断改变。很多人都会说："到了这个年纪为什么还学新的东西？"但可塑性会使人类不断改变。

美国哈佛大学教授、著名心理学家哈沃德·加德纳曾提出多元智能理论，他认为人类社会除了读书之外，还有很多其他有价值的智能，不该用学校考试的成绩来当作判断智能的标准。如果在生活中展现出除了读书之外的其他能力，应该也将其用来评价一个人的智能。

这个理论告诉我们，除了读书之外，也可能有体育天才、音乐天才等，每个领域都可能有无数个天才。哈沃德·加德纳主张语言、逻辑数学、音乐、空间、身体运动、人际关系、自我理解、探索自然八大方面与二分之一个宗教存在智能。

哈沃德·加德纳的多元智能理论，是从对人类的理解开始思考，他赞成犹太人"要和别人不一样"的教育哲学。犹太人尊重打破现有秩序或框架的思考方式，比起胜过别人，更希望自己的孩子与众不同，这支持了多元智能理论研究。

TIPS 水平思考理论

左脑型的人适合从事科学家、研究员、发明家、物理学家、生命工程学家、药师、护理师、医生、银行家、税务专家等职业；右脑型的人则适合担任直觉敏锐的学者、艺术家、政治家、企业家、运动选手、艺人等。

企业经营者当中，左脑型的经营者或许可以管理好现在的事业，通过降低成本获得良好成果；但右脑型的经营者能够开创新事业，并让整个新事业步上正轨。

不过以一般人的情况来看，我们很难判断一个人究竟是属于左脑型还是右脑型。"非常左脑"或"非常右脑"的人很少，大多数人都同时具备左右两脑的功能，差别只在哪一边比较发达。心理学家爱德华·德·波诺（Edward de Bono）更具体地整理了左右脑理论，进而提出了"水平思考"理论。左脑型的人会采用顺着理论脉络移动的垂直式思考；而右脑型的人则使用跳脱理论架构的水平式思考。因此，第四次工业革命时代的重点是创意，它"并不是先天的才能，而是经过刻意训练开发出来的能力"。

擅于分析思考的左脑人，在语言、数学、科学方面的能力较佳，读书时也喜欢按照计划表进行；擅长直觉式、整合式思考的右脑人，则喜欢随心所欲地读书，适合从事音乐、绘画等创意领域。

不过，并不是擅长数学或科学就一定是左脑人，左脑型的人也很有可能在小学时数学很好，但一升上高年级，遇到需要综合思考的高难度应用问题就会开始慌张，反而是右脑型的人比较擅长解决这种问题。

所以数学家、科学家中虽然有许多左脑型学者，但需要想象力的高级数学、物理学，反而有较多右脑型学者。

像阿基米德这样的科学家，就是典型的极左脑人；毕加索这样的画家则是典型的极右脑人，爱因斯坦或爱迪生等发明家则是左右脑都非常发达，但左脑更加发达的相对左脑型，伟大的建筑家高迪则是相对右脑型。

而左右脑都非常发达的历史人物，则是文艺复兴时期的天才达·芬奇，据说他左右脑都比一般人发达，所以才会在数学、科学、医学、建筑、艺术等多元领域发挥自己的潜力。

孩子，你怎么想？

——父母与孩子，
要以平等的态度互相问答

犹太人最常对孩子说的就是："你怎么想？"这也可以解释成："你有什么想法""你怎么看这件事"。犹太父母从小就会问孩子"你怎么想"，也会用"你怎么想"来回答他们的问题。

犹太人的"你怎么想"，并不是父母单方面的提问，而是站在对等的立场，询问孩子的想法与意见，孩子也会在可以尽情向父母提问的轻松氛围下，分享自己的意见。

不过我们认为的"你怎么想"和犹太人观念中的"你怎么想"，是有一些差异的。

我们的亲子对话,通常都是父母单方面的提问,孩子放学回家后,总是会和父母有这样的对话:

"放学啦?"
"对。"
"写作业了吗?"
"写了。"
"吃饭了吗?"
"吃了。"
"还饿吗?"
"饿／不饿。"

对话方式主要是父母单方面提问,但我们的孩子原本并不是这么不爱说话的人,他们小时候总会用无数的问题来烦父母,越大反而越不爱开口。

无论在家或是学校,孩子很少听到"不会也没关系","错了也没关系,人不可能每件事都做得好,爸爸妈妈会在你后面看着你",反而经常受到"安静点!""吵死了!""不要吵!"等责备。

于是他们开始不习惯说出自己的想法。年纪越小的孩子越会提出很有创意的问题,像"天空为什么这么蓝""天上可能有游泳池吧""上帝可能也会游泳吧"等荒诞不经的问题，并且要求父母回答。

这时父母如果没有无视孩子的问题，而是以正面的态度来回应，就能提升孩子的自信与创意。在尊重与赞赏下长大的孩子，会以正面的态度看待自己，并且很有自信。

但现实生活中，包容、倾听孩子这些天马行空的问题，并与他们对话，需要相当的耐心。犹太人在选老师的时候，从不会聘用个性急躁的人，因为教学这件事情，最重要的就是耐心。

《塔木德》说："没有耐心的人，无法成为教导他人的老师。"这也就表示，在教育孩子这件事上，父母最在乎的是耐心。犹太人相信逻辑思考的基础，正是以对话为主的教育，让他们会耐心解释、对话，直到孩子真正融会贯通。犹太父母不会直接说出对错，也不会采用填鸭式的教育方法，他们会与孩子一起找出为什么正确、为什么会错，也因此需要耐心和长时间的对话。

美国总统约翰·肯尼迪就是发挥了他出色的口才实力，进而当选美国总统的。（1960年，美国首次举行总统候选人现场电视辩论会，肯尼迪大胜对手尼克松。）

而在他背后实践"你怎么想"这个教育理念的人，正是他的母亲罗斯女士。罗斯女士说:"这世界的命运,是由把自己的想法传达给别人的人来决定的。"她从小便对孩子实施讨论式教育。

罗斯女士会把新闻报道贴在显眼的地方,当作早餐时的讨论资料,并不断问儿子"你怎么想"。肯尼迪回忆,只要不读《纽约时报》,无法回答父母亲尖锐的问题,那么就无法坐到餐桌上吃饭。

就是在这样的训练之下,肯尼迪才能够在电视辩论与总统大选上,胜过尼克松。

朝鲜的世宗大王也总是把"卿,你怎么看"这句话挂在嘴边。当年的黄喜[1]丞相及众多大臣,都愿意勤于国事,背后的最大力量,就是世宗大王的那句"卿,你怎么看"。

我们通常会问孩子:"2个苹果加3个苹果是几个?"如果孩子回答"5个",父母的反应就是"答对了"。这是因为我们的上课方式,就是要求孩子找出正确答案。但犹太父母则会更进一步,问孩子:"你为什么觉得是5个?"

对话方式的小小改变,却会带来很大的差异,"你为什么会这样想"这句话,会让孩子思考自己说过的话和行为。

---

[1] 本贯长水黄氏,字惧夫,号厖村,谥号翼成,高丽王朝末年至朝鲜王朝初年的大臣、丞相。官至领议政,封南原府院君。

即使错了也要问他们:"你为什么会这样想?"以便了解他们这样回答的原因,犹太人之所以能够成功,就在于父母多问能够培养想象力与探究能力的"为什么"。

犹太父母在养育孩子时,会特别注意语言教育,从小听"你怎么想"长大的犹太人,逐渐在舆论与法学界崭露头角。

美国的无线电视台 ABC、NBC、CBS 都是由犹太人创立的,喜剧界有超过 80% 的演员是犹太人,主要的报社都由犹太人掌控,包括《华盛顿邮报》《新闻周刊》等在内的美国主要媒体。

1999 年,美国国内的律师共有 74 万人,其中 16% 是犹太人,美国的主要企业与舆论媒体,也大多和犹太人有关,这就是"你怎么想"的威力。

TIPS 封闭式提问与开放式提问

如果说世事只有一个答案是种封闭式的思考,那么在开放性思考的想象、创意世界中,就会存在好几个答案。当然,也可能没有答案。这其实是希望身为父母的我们,可以培养孩子的多元思考能力,开启他们的无限可能性,比如设计,哪有什么正确答案呢?

提出有好几个答案,或是根本没有正确答案的问题,有助于帮助孩子发展想象力。在教育学中,只有一

封闭式提问	开放式提问
■ 乖乖听老师的话了吗?(有/没有)	■ 你不觉得帮娃娃穿上粉红色衣服比较美吗?
■ 迟到了吗?(有/没有)	■ 把汽水和可乐混在一起,会是什么味道呢?我们要不要来试试看?
■ 你喜欢隔壁班的新同学吗?(喜欢/不喜欢)	■ 水真的会在100℃时沸腾吗?我们要不要来试试看?
■ 做作业了吗?(做了/还没)	■ 下雨的时候为什么树枝会晃动呢?是因为下雨了,它很开心才这样吗?
	■ 公鸡怎么知道什么时候天亮、什么时候要叫呢?
	■ 结婚时新娘为什么要穿白色的婚纱呢?

个正确答案的问题称为封闭式问题，没有正确答案的则是开放式问题。封闭式提问通常问的是过去的经历、片段的知识，但开放式提问则是问未来的可能性，我们必须多对孩子进行开放式提问，而不是封闭式提问。

我们在阅读文学作品时，会想象主角的样貌、个性，以及主角所处的环境，书里面有另外一个不存在的全新世界，而这样的经验累积起来，就会成为想象力的源泉。

这里有一棵树，如果只把它当成树，那便没有可以发挥想象力的空间。从树叶因风雨而摇曳的样子感受到生命力，感受到有人曾在树荫下休息的痕迹，则是想象力的开始。

法国哲学家巴舍拉（Gaston Bachelard）是这样定义想象力的："所谓的想象力，就是塑造形象的能力，不是固定的形象，而是能够描绘出的可自由变形的形象，而这正是让我们不再被困在现实世界，能够在其他的世界里解放自我的力量。"

我们在日常生活中接触到的事物，几乎都是已经认识的事物，就像"这是铅笔，是用来写字的"一样，我们对事物的认知已经固定，而想象力可以打破这已经固定的想法。

犹太人餐桌上提升成绩的秘密

—— 哈佛大学验证的餐桌教育效果

20世纪80年代,美国非常担心低收入家庭孩子的学业成绩。这是因为家境在中产阶级以上的孩子学业成就很高,高中辍学的比例较低,但低收入家庭的孩子学业成绩相对较差,高中辍学的比例也较高。

有人认为,经济条件会对学业成绩造成影响,于是哈佛大学的研究团队选出了85户居住在美国波士顿,家中有3岁孩子的低收入家庭。然后对他们在家庭与幼儿园的日常对话进行录音,时间为期两年。

因为研究团队认为玩玩具、和父母一起读了哪些书,会对孩子的学业造成影响,所以便提供了一模一样的书和玩具给所有的家庭。然后安装录音机，完完整整地把在相同的情况下，发生了哪些事情、这些事情如何对学业造成影响录了下来。哈佛大学研究团队事先推测，低收入家庭的孩子教育环境不好，和父母待在一起的时间不够多，所以学业成绩才比较差，但研究结果十分令人意外。

他们发现孩子的语言能力不受父母的收入水平、教具或玩具的影响，而是与家庭成员一起用餐的次数、进行良性对话的次数有关。也就是说，即使学习环境较差，较常和父母一起吃饭的孩子，也有机会超越学习环境较佳的孩子。

哈佛大学研究团队获得这个超出预期的结果之后，除了和父母一起读书、玩玩具等活动之外，也开始关注家庭用餐的地点。

研究团队没有想到全家人在餐桌上的对话，不仅可以强化家庭联结，更会对提升学习效果、发展语言能力带来巨大的影响。他们认为父母必须为了孩子的学习拨出时间，进行一起读书、通过教具学习等知识性活动，但录下来的内容带来了完全不同的结果。这个研究证明，经常和全家人一起吃饭、经常在餐桌上聊天的孩子学会的词汇比有听父母读书习惯的孩子更多，语言能力也比较强，学习成果也比较显著。

以这个研究为契机，美国了解到全家一起用餐的重要性，便将9月第四个星期一定为"家庭用餐日"，然后也对家庭用餐与学业成就、孩子的品行涵养等进行了许多相关研究。

韩国也曾经做过类似的研究，以全国100多所中学全校第一名的学生为对象，进行与家庭用餐相关的问卷调查。

结果显示，有40%的学生，一周会跟家人一起用餐超过10次。这个例子告诉我们，餐桌教育确实可以提升学习效果。

犹太人就是贯彻餐桌教育的民族。大家都知道，他们的安息日晚餐就是家庭用餐的代名词，每周五开始的安息日，对犹太人来说是非常特别的时间。

在安息日，全家人在舒适的氛围里休息，孩子会对父母倾吐自己的心事和烦恼，爸爸也会与孩子沟通课业的问题，并分享《妥拉》与《塔木德》的内容。

全家人一起分享美味的食物，一边聊天一边用餐，直到深夜。人在吃东西时，身体会分泌一种叫催产素的激素，使人感到幸福。人体会分泌许多种激素，其中催产素可以帮助亲子关系更加紧密。催产素其实也是一种"加速分娩"的激素，当母亲与孩子感到幸福时，就会分泌催产素。肢体接触可以帮助我们的身体分泌催产素，所以催产素又称为"拥抱激素"。如果妈妈在孩子哭的时候抱抱孩子，孩子很快就会安静下来，这就是催产素的威力。

而能帮助大量分泌催产素的,正是和家人团聚时的用餐,当我们感受到爱、和家人一起坐在餐桌边,感受到支持、情绪上的亲密感时,就会大量分泌催产素。

和家人在一起的幸福用餐时光,不只是单纯地摄取饮食,更是帮助幸福激素——催产素分泌的时间。

哈佛大学在进行低收入家庭学生的学业成就研究时,在那些录音档案里发现了一些奇特之处,就是孩子们在用餐时间分享的解说式对话,不仅要为单字定义,更要学会使用相关单字和表达方式。

如果孩子想告诉爸爸在游乐场发生的事情,就要使用到很多表达方式,因为想让爸爸听懂,那就必须讲得很仔细。

还有,因为爸爸不在游乐场,所以如果爸爸对某些事情感到好奇,那孩子就必须慢慢回答爸爸的问题,这样一来会让孩子更有逻辑地思考,在经过思考之后才把话说出口。

这种解说式对话,可以帮助孩子为当下的状况做定义,并培养他们说明整件事情脉络的能力,这样不仅可以增加词汇量,更有助于提升学业成就。

而用餐时间父母之间的日常对话,可以不断刺激孩子的听力,陌生的单字也能引发他们的好奇心,孩子会通过推理和想象,为那个陌生的单字定义,进而将这个单字内化,对口语能力带来积极影响。借用餐时间的解说式对话,孩子可以学到他们需要的所有能力。

犹太人的安息日晚餐，便是全家人聚在一起彼此称赞、支持、鼓励的时间，这是值得我们关注的部分。

如果犹太父母想要责备孩子，他们会另外找一个时间，小声地劝诫孩子，不会选择全家人聚在一起，坐在餐桌边吃饭的时候解决，那不是倾吐不满的场合。随着核心家庭越来越多，全家人一起吃饭的时间也越来越少，餐桌的重要性渐渐流失。当全家人聚在一起吃饭时，爸爸绝对不能指责孩子考试成绩退步、回家太晚。

即使是为了孩子的学业，家庭用餐时间也应该成为全家人一起坐在餐桌边吃美食、鼓励孩子、感激父母的时光。我们必须让用餐时间，变成帮助催产素分泌的时间。

TIPS 奥巴马的家庭用餐时间

美国前总统奥巴马即使行程十分忙碌，依然会记得要和家人一起用餐，尤其是晚餐，无论如何他都会排除万难参加。

奥巴马之所以看重全家人一起用餐的时间，是受到他母亲的影响。奥巴马的母亲是单亲妈妈，也是一位同时在攻读学位的职业女性，含辛茹苦把奥巴马养大。总是十分忙碌的她，会在每天清晨把早餐带到床边，安抚刚起床的儿子，跟他聊聊天，然后一起读书、学习。

因为她必须出门上班，所以只能把早餐时间提前，和儿子一起吃饭、聊天。清晨和妈妈一起吃早餐这件事，让奥巴马体会到母亲那刻意空出时间来，与儿子共进早餐、聊天的热情。身为美国领袖的奥巴马虽然很难空出多余的时间，但仍然记得要和家人一起吃晚餐，这也给我们带来很大的启示。

犹太人提升自信的
哈柏露塔读书教育法

——聆听对方的意见后再阐述个人想法

犹太人即使在安息日也会阅读《妥拉》与《塔木德》。《妥拉》与《塔木德》中，不仅有记录犹太人传统风俗与安息日的故事、结束埃及奴隶生活并逃出埃及的历史，更有参孙与大利拉、大卫王与所罗门王等有趣的故事。

《妥拉》与《塔木德》是犹太儿童的经典童话故事，更是帮助他们拓展思考深度的古书。犹太儿童祷告时，虽然都只是背诵并重复《妥拉》与《塔木德》的内容，但他们总是觉得这些内容十分有趣，每次阅读的时候，都能理解得更多，提的问题与讨论也会更有深度。

读完《妥拉》与《塔木德》之后，他们会以平等的姿态，向大人发表自己对《塔木德》的想法，并展开一段热烈的讨论与争辩。

韩国的孩子也很喜欢读书，但读完书之后问他们有什么感觉，他们总是异口同声地回答"很有趣"，问他们"哪个部分有趣"，很多孩子会回答"就是有趣"。如果在读完书之后问他们书的内容，或是要他们写心得，他们就会突然沉默下来；如果让他们说感想，他们就更不愿意开口。

为什么会这样？为什么韩国的孩子开心地读完书之后，要他们说出感觉或是内容，反而会让他们有压力呢？读完书之后，为什么会沉默不语呢？明明只是让他们说说自己的想法，但孩子们为什么会无话可说、犹豫不决？

这是因为他们认为读书不是有趣的沟通，而是一种考试，这样一来他们就会越来越不喜欢读书。韩国的孩子通常觉得读完书之后都要接受评判，有时候父母太过贪心，让孩子读过于艰涩的书，孩子没有办法理解书的内容，反而开始觉得读书很困难，进而越来越不爱读书，会有谁想要读让自己越来越没有自信的书？哈柏露塔读书法，就是一种可以帮助孩子提升自信，并且与父母一起讨论书籍内容的好方法。

哈柏露塔读书法通常是和父母、伙伴一起读一句话、一个段落，低年级的学生大声重复读一句话，就可以帮助提升专注力。这时候最好能用手指指着自己正在念的内容，或是运用其他的感官一起读书，如搭配肢体动作等，这些对了解书的内容会很有帮助。

书读完之后，就规划大约10个和书籍内容有关的问题，问题可以很多元，像能帮助孩子了解书中内容，同时可以配合"谁、什么时候、在哪里、做了什么"的教育原则，设计让孩子可以简短回答的问题，比如，"是什么时候发生的事""在哪里发生的事""主角住在哪里"等。

此外，还有帮助发挥创意的，问"为什么"和"怎么做"的问题，比如，"为什么会那样""是怎么做到的""如果你是……的话，会怎么样""如果做了……的话，会怎么样"等，设计这类可以帮助推测或想象的问题。

也可以设计类似"如果你是主角的话会怎么做""你能够做什么事"等，把孩子代入故事情境的问题，或是和启示、价值观、可学习之处等有关的问题。

设计完问题之后，就要和孩子一起讨论问题，双方要分享彼此的想法，如果可以针对书的内容分享自己的看法，那孩子在读完书之后，就会很自然地说出自己的感觉、领悟。在和伙伴一起设计问题、相互比较、询问的交流时间中，则需要倾听的技巧；在听对方把话说完、互相提问的过程中，孩子会了解到如果想问问题，就必须听完对方说的话。

首先，一个人要说出自己的意见，另外一个人要专注地听完他的意见之后提问，不专注就没办法问问题。听完对方的意见之后再提问，如果不同意对方的意见，那就要举出有逻辑的论述来反驳、提问。

即使和伙伴的意见一致，也应该问对方为什么会有这种想法。意见一致，背后的想法也可能不一样，这种互相提问的过程可以帮助孩子把自己的意见去芜存菁。

想要通过反驳、逻辑理论证明自己说的话时，孩子自然会练习倾听对方说话以及说话逻辑等方面的技巧。犹太儿童认为讨论与争辩是一种娱乐，他们的目的不是找出正确答案，而是享受通过讨论与争辩，让自己的想法更加精确的过程。当然，在和伙伴讨论时，很可能会因为彼此立场不同而发生冲突，遇到这样的情况，应该理性判断、理解。哈柏露塔是一种懂得为他人着想的沟通方式，所以争论导致的冲突自然就会迎刃而解。

偶尔进行哈柏露塔时，会觉得对话与沟通的过程很吵闹，但如果经常和伙伴互相提问，那就表示他们进行得很顺利。持续不断且真挚的讨论，就是我们所期待的结果，我们已经通过学习效率金字塔，得知互相说明学习法可以达到90%的学习效率。

犹太父母会通过很多不同的方法来指导孩子读书，如读书给腹中的胎儿听，利用孩子入睡的时间读书给他们听等。

如果是面对还不识字的孩子,那就需要让自己读书的声音更加生动。父母讲述的有趣故事,可以培养孩子的想象力与创意。有时父母读童话会只读一半,剩下的那一半要让孩子自己带着好奇心,试着去想象后面的发展。"王子为什么会跟公主结婚?"这类问题可以大幅提升读书的效果。

读书的时候最好不要花太长的时间,10—15分钟最为恰当,这样不会让孩子感到厌倦,同时也可以提出许多与故事相关的问题帮助孩子思考。故事带来的启示不该由父母说出来,而是由孩子自己说出来。

在读书和与孩子交流的时候,父母或老师不该直接给出答案,而是要给予相关的提示,或是借着回答孩子的问题来提升孩子的思考能力。在读书过程中尊重孩子、与孩子交流意见,就是提升孩子自信心的方法之一。

借着读书进行哈柏露塔时,自然会有挑战他人意见、加强思考能力的过程,但只要经历过几次之后,就会很快熟悉哈柏露塔这套方法。其间重要的不是找出正确答案,而是当两个人在争论赞成还是反对书籍内容时,提出问题、反驳,甚至是论述的过程。

对持续接受填鸭式教育的孩子来说,想出一个问题可能很困难,但为了熟悉哈柏露塔,一定要多练习提问。

因为哈柏露塔的重点就在于提问,读完书之后以问题为主进行讨论，不仅能帮助孩子更深入理解阅读书籍的内容，更能让他们轻松整理出自己的意见或感想。

以色列学生会拿着三色笔去上课，老师的说明用黑色记录，重要的部分用红色画线，不理解的部分或想问的内容就用黄色做记号。

1小时的课程快要结束时，会有三四个想问的问题，而他们也会预习隔天的内容，并且从中找出两三个要问的问题，把这些问题收集起来，就会变成一本很厉害的提问笔记，光是看他们一个星期的提问笔记，就能学到很多东西。

成人的读书方法大致可分为两种：一种是尽可能把书本内容全部记下来的海绵学习法；另一种则是如从沙中淘金一般，只努力把重点记住的淘金学习法。如果说海绵学习法是不管什么背下来就对了，那么淘金学习法就是借着不停提问来读书。

如果以海绵学习法来读书，可能会因为客观事实与作者的主张相违背而被误导；如果硬逼自己背下来，时间久了，即使自己并不认同，书上的内容也会变成自己真正的想法，所以带着下面这些问题去读书，反而比较有效：

这是客观的事实，还是作者的个人主张？

这个单元的重点是什么？

作者为什么会这样主张？

作者的主张是否有根据？他的说法是否足够明确？

有没有缺漏的信息？

引用的统计数据会不会有错？

带着怀疑的态度去读书，读者就不会想要努力记住所有的内容，只会记住重要的几点，并且把事实和作者的主张分开来看，而不会全盘接受作者的主张，在读书的过程中，可能产生与作者不同的意见。

这样看来，会觉得笔者好像在说我们不应该采用海绵读书法，但事实并非如此。通过读书学习到的知识，会成为多元思考的基础，因为要累积足够多的知识，才有可能进行批判性思考。

通过提问来读书可以达到一定程度的训练，进而提升读书的效率。因为在经过这样的训练之后，只要看特定的句子衔接词，就可以很快地掌握作者的主张是什么。

请看看下面这些词句：

因此（consequently）

于是（hence, therefore）

事实上（in fact）

简单来说（in short）

可以知道（indicates that）

明显（clear）

从结论来看（in conclusion）

只要看到这些句子衔接词，我们很快可以知道后面的句子才是作者的想法。

TIPS 用哈柏露塔阅读儿童故事《兴夫与诺夫》

■ **第一阶段：读书、设计问题**

先和伙伴一起轮流大声读《兴夫与诺夫》的故事，并准备要问的问题。只要经过设计问题的训练，孩子就可以运用自己的想象力，"创造"出很多问题。要先读完书，然后再依照下面的顺序来进行设计：

① 以确认故事内容为主的问题，比如询问单字的意思、句子的描述方式等。

② 以深入想象为主的问题，比如感觉、比较、推测等跟想象有关的问题。

③ 将自己代入的问题，比如如果是我，我会怎么做、我会怎么实践等。

④ 综合问题，比如价值观、启示等相关问题。

问题范例：

① "铁锅"是什么？（内容问题）

② 为什么诺夫会变得这么贪心？（想象问题）

③ 为什么兴夫的太太，会让兴夫到哥哥家里去拿米回来呢？（想象问题）

④ 被大嫂用饭勺打手掌的时候,兴夫会有什么感觉呢?(想象问题)

⑤ 他们兄弟原本感情就这么不好吗?(想象问题)

⑥ 如果我是兴夫,我会怎么做?(代入问题)

⑦ 这个故事带给我们什么启示?(综合问题)

■ 第二阶段:和伙伴一起互相提问

如果能和伙伴互相提问,那孩子在读完书之后,就能很快说出自己的意见,这也是一种可以提升自信的读后活动。在互相提问的过程中,可以不必从传统的惩恶扬善的角度理解《兴夫与诺夫》的故事,而是从现代的观点去诠释故事的内涵。

举例来说:兴夫为了拯救自己的家人,必须更加努力;诺夫讨厌贫穷的弟弟;兴夫的太太应该打兴夫手掌,这样才能够帮助他振作;负责照顾家人的诺夫更有智慧等。

或者是诺夫应该和弟弟相亲相爱;兴夫的妈妈在天上看到应该会很难过;如果我是兴夫,就绝对不会再到哥哥家去,而是会努力过好生活来报复哥哥等。通过互相提问,就可以刺激类似这样的多元意见交流。

培养创意想法的
塔木德式提问法

——找出与众不同的个性，让所有人成为胜利者

　　提出别人没有发现的多元新事物就叫作创意，所谓的创意并不是前所未有的新颖，而是源自个人才能和与众不同的想象。创意并不是在学校认真读书就能培养出来的，而是让孩子从小在提问与讨论的乐趣中，培养创意思考能力的教育成果。

　　提问需要经过训练。就像在学游泳的时候，都要先学换气的方法一样，提问的方法也需要经过训练。为了提出好问题，首先要懂得倾听别人说话，虽然我们一般都认为擅长说话的人就擅长问问题，但其实擅长倾听的人更会问问题。

特别会问问题的脱口秀女王奥普拉，在 1 小时的脱口秀里面，说话的时间大约只有 10 分钟，她会用 80% 的时间倾听，再用 20% 的时间说话，因为唯有认真听对方说话，才能够配合当下的气氛，问出最有效的问题。

剩下的时间她都是用点头或是眼神，来表达对受邀来宾的理解，中间会问几个问题，让大家知道她听对方的故事听得津津有味，所以对方也会更认真地回应。熟悉了提问的方法之后，就可以不再是单方面获得知识，而是能够进行深度的对话与讨论。未来教育的答案，就在提问与创意。

这个世界即将迎来第四次工业革命和新文化复兴。人工智能与机器人技术、生物科技、情报通信的结合与合作，将会是第四次工业革命的核心。未来的人才需要的能力，是能够结合机器与机器、机器与人类的能力。

未来我们会需要了解人类、配合状况随时提问、维持良好人际关系的能力。机器没办法取代人类的地方，就是创意与感性。

创意是从理解对方开始的，为了正确认识自己，我们必须先对自己提问："我喜欢什么？我是谁？我真正擅长的是什么？为了找出我的能力，我要用什么方法？"

我们必须不断问自己这些问题，并通过这些问题检视自己，答案就藏在问题当中，而创意也会从这里萌芽。

另外，犹太父母几乎不会问孩子只有一个正确答案的问题，而会问需要孩子说明解释的问题。当孩子问问题时，他们不会轻易给出正确答案，而是三番五次提出一些相关的问题，帮助孩子自己找出答案，这也是苏格拉底使用的反诘法。

犹太人会训练自己的孩子，只要不违反规定，就可以自由提出各种想法、做出各种行为。犹太民族有一个叫作"普珥节"的节日，用来纪念拯救犹太民族免于灭亡的波斯王后以斯帖。这天孩子们会穿上各式各样的衣服，在街上四处走动。

有趣的是，这天穿的衣服并不是在市面上买的，而是由孩子们自己设计，再由奶奶或妈妈来缝制的。

这天，孩子们会穿着蝴蝶、蜻蜓、蚂蚁、蜘蛛等各式各样造型的礼服到街上。孩子要求的服装越奇特，妈妈就越开心，因为这就是孩子的想象力非常发达的证明。

犹太人的塔木德式提问法，就是超越界线，从问题里面再找出其他的问题，就这样不断延伸下去，并从中发现全新的事物。从这点来看，犹太人的塔木德式提问教育具有很大的意义。

犹太父母在构想孩子的未来时，会考虑两个因素：

1. 帮孩子找没有人走过的路。
2. 让孩子去做他们自己想做的事，或是最擅长的事。

犹太父母不会教孩子要"比别人更优秀、超越别人"，而是教导孩子无论做什么，都要与众不同；他们不会要求孩子为了提升在校成绩而努力，而是教孩子要做点跟别人不一样的事，去做那些没人做过的事情，就代表自己很快可以在那个领域成为第一。

在只计较成绩优劣的学校教育体系中，只有少数人可以获胜，但如果能找出每一位学生的特色，那么就可以让所有人都成为胜利者，这样一来大家就能分享彼此的优势。

无论做什么，犹太父母都会让孩子找出自己有兴趣的领域，去做没人尝试过的事情，因为那是最有可能成功的选择，也能够对社会做出更多贡献。

以色列前驻韩大使出版的著作《IQ 100 的天才，IQ 150 的傻瓜》中，就曾经比较过以色列与韩国的教育。他毫不留情地说，在以色列，智商为 100 的平凡孩子也可以被培养成天才，韩国教育却会把智商为 150 的天才变成傻瓜。

TIPS 犹太人的批判思考与讨论

犹太人会以批判性思维去看待所有事情，即使是面对地位比自己更高的人，他们也会毫不犹豫地批判。

当上帝要摩西把犹太人带出埃及的时候，摩西说："谁会相信我跟着我走呢？我办不到。"但上帝说："我给了人类一张嘴，再把我自己给了你，所以你就去说服大家吧。"摩西却说："我完全没办法说服犹太人。"他没有轻易接受上帝的话，于是他们争论了7天。

包括摩西在内的所有犹太人都认为，如果随意接受别人说的话，那就表示你没有在思考，所以他们不会相信掌权者所说的话，而且会努力挑战权威。无条件听从的韩国人会以"这是医生说的""这是大学教授说的"为借口，但犹太人不同，他们总是会问"为什么"。通过批判性思考与讨论来加深自己的理解，也就是说，他们会在冷静了解一切之后，从多元观点进行批判讨论，从中获得属于自己的标准，并把这个标准当作生活的准则。

将世界上所有的事物
当作讨论的对象

—— 讨论与争辩是一种娱乐、一种游戏

大多数人不会深究那些在日常生活中不存在太大困扰的常识。教导孩子面对大人时行为举止必须有礼貌，是因为这是我们认为理所当然的事，大家都应该这么做。

偶尔遇到问"为什么一定要对大人有礼貌"的孩子，我们就会回答"这是当然的啊"，同时也会觉得这孩子"很麻烦"。

但犹太人会很认真地问："为什么一定要对大人有礼貌？"

即使是理所当然的事，或可能会让对方尴尬的问题，他们也照问不误，这时犹太父母便会耐心、真诚地回答，或是用另外一个问题反问他们。

即使是小事，犹太父母也希望孩子能够抱着怀疑的态度提问，他们觉得这样能够帮助孩子思考，因为他们重视提问的习惯，所以会积极鼓励孩子问问题。

他们认为讨论与争辩是一种娱乐，也是一种游戏，所以才会经常针对《塔木德》里的一两句话讨论一整天，或是拿没有正确答案的主题来进行激烈争辩。这样的讨论并不是为了找出正确答案，而是因为讨论这件事本身就是一种娱乐，也是一种愉快的游戏。

犹太人虽然过着有信仰、遵守律法的生活，但他们并不会盲目相信一切，他们对一切事物持有怀疑的态度。相较之下，韩国人如果对一切事物持怀疑的态度，就会被人质疑信仰不够虔诚。韩国人认为，坚定不移地相信，才是真正坚守信仰的表现。

犹太人的讨论习惯造就了今日的他们，犹太人如果在日常生活中看见蚯蚓或小飞蚊，不会视而不见，反而会展开一场讨论。

> 蚯蚓都吃什么呢？
> 蚯蚓会咬人吗？小飞蚊会咬人吗？
> 蚯蚓对人类有害，还是对人类有益呢？
> 蚯蚓和小飞蚊打架谁会赢呢？
> 杀掉蚯蚓和小飞蚊，神是否会惩罚我们呢？
> 蚯蚓和小飞蚊如果聊天，那它们会说什么？

> 人有办法像小飞蚊一样飞吗？
>
> 有没有生物像小飞蚊那样飞？如果有这样的飞行生物，那会是什么？

就连这些日常生活中的琐事，犹太人也会怀着疑问去想："为什么会这样？理由是什么？会有什么影响？神会有什么反应？"通过这类问题锻炼讨论、思考能力。

犹太人可以拿一句《塔木德》里的话讨论一整天，对他们来说《塔木德》不是用来背诵，而是拿来思考、讨论的，他们以逻辑为依据，理性说明自己为什么这样想、是否同意对方的想法、为什么不同意等。他们喜欢针对一个论点提出许多意见、展开讨论。

犹太人不会直接接受原本的答案，即使他们要选择原本的正确答案，他们也会认为讨论这件事情本身很有意义，所以他们会在激烈地争辩之后，找出有逻辑的根据，并找出属于自己的正确答案。

犹太人的塔木德式讨论通常没有正确答案，他们在阅读《妥拉》与《塔木德》时，会带着怀疑去看待每一句话，并且带着批判的观点仔细地阅读。

他们会带着各式各样的疑问不停反问、主张、讨论，这正是犹太人的塔木德式辩论，在这样的讨论过程中想法会越来越深入，思考也更有弹性，大脑也会越来越活跃。

犹太人相信挪亚方舟、摩西过红海等故事都是真实的。

那些从科学的角度看来难以置信的事,他们也会以哲学的态度去接受。

就连荒谬的故事,他们都会认真讨论,即使是无法用科学解释的事情,他们也会说:"这也是有可能的。"运用这样积极且懂得变通的想法进行更开放的思考。

犹太人相信,世上的一切都是有旨意的,他们即便遭受数千年的迫害、遭遇不幸以及被迫走上穷途末路,也认为这是人生的必经,因此比起逃避,他们反而会选择设法克服困难。

在生命本身就是一种危机的情况下,他们仍每天讨论、学习《妥拉》与《塔木德》,因为《妥拉》与《塔木德》记录了人类生活的一切。

他们遵循"有坏事,必然就会有好事"的教诲,无论身处什么环境都不会轻易放弃,而是想尽办法活下去。他们通过《妥拉》与《塔木德》探究人类的本质,获得洞察这个世界的力量。

犹太人之所以能够取得巨大的成就,正是因为他们洞察世界的力量比别人更加优秀,这种学习习惯造就了今天优秀的犹太人。

差距仅有1%的读书方法,成为我们与犹太人的差异。

TIPS 犹太人的思考方式

犹太人认为世界上的所有事情，都依照上天的旨意运作，所以即便遭遇苦难，他们也不会逃避，而是想尽办法活下来。

他们在日常生活中会讨论"为什么让我们别做这些事"，通过探究生命最根本的价值，来找出生命的普世价值，并将此当作人生的标准。他们严守律法，遵从安息日绝对不能工作的律法，克服了原有的规定，发明了不以月为单位计算，不计算安息日利息的当日利息计算法。也就是说，他们通过想法的转变，跳脱出原本的观念，提出了新的想法。犹太人如果看到苹果从树上掉下来，会问什么问题呢？或许他们会问："为什么苹果不是由下往上，而是从上往下掉？"

> 幽默小故事

看待事情的角度

  一个有钱人收到了儿子从另外一座城市寄来的信。

  他让秘书帮他读这封信,心不甘情不愿的秘书便以不愉快又急躁的语气,读了他儿子的来信。

  "爸!快点汇钱给我!我需要新鞋子和衣服!"

  听完儿子的信之后,父亲便大发雷霆:"没礼貌的家伙!怎么敢用这么不恭敬的态度给爸爸写信?我一毛钱都不会汇给你!"

  被儿子的信伤透了心的他,回到家之后便把信递给妻子,说:"你快看看,我们捧在手掌心呵护长大的孩子写了什么!"

但当母亲读到儿子写的信时,心中便升起一股对儿子的想念。所以她用非常温柔、哀伤的声音,就像在祷告一样开始朗读信件的内容。

"爸!请汇一点钱给我吧!我非常需要新鞋子和衣服!"

爸爸静静听着,然后温柔地说:"很好,写信就是该这么谦卑。老婆,快点去汇钱,这样才是对的。"

> 只要改变角度,苛刻的人也可能看起来很有魅力,温柔的人也可能变得懒散温暾,这是因为我们看待事情的立场不同。

> 幽默小故事

幸运与不幸

　　被警察追赶的小偷来到江边，跳上一条正好要离开的渡船。

　　追在后面的警察大喊着让船夫停下来，但船夫是个聋人，小偷觉得遇到一个聋人船夫，是件很幸运的事情。

　　但当船要抵达对岸的时候，警察已经在岸上等他了。这时小偷大声让船夫赶快掉头，到别的地方靠岸，可是因为船夫是个聋人，听不见他说什么，便把船停在了岸边。被警察抓住的小偷又觉得遇到聋人船夫是件非常不幸的事。

13 这个数字在美国象征着不幸，在意大利却是幸运的象征。数字 9 在日本是不幸的象征，在中国却象征幸运。事实虽然只有一个，但每一个宗教、每一种文化、每一种语言的发音，都会有各自不同的诠释，并不代表那是错的。

图书在版编目（CIP）数据

犹太人成为全球精英人物的学习法 /（韩）张化榕著；
陈品芳译 . -- 沈阳 : 万卷出版有限责任公司, 2023.2
ISBN 978-7-5470-6138-1

Ⅰ. ①犹… Ⅱ. ①张… ②陈… Ⅲ. ①家庭教育 Ⅳ. ① G78

中国版本图书馆 CIP 数据核字 (2022) 第 228727 号

들어주고 , 인내하고 , 기다리는 유대인 부모처럼
Copyright © 2018 by Jang Hwa Yong
All rights reserved.
Simplified Chinese copyright © 2023 by Beijing ZITO Books Co., Ltd.
This Simplified Chinese edition was published by arrangement with SmartBusiness Publishers Co.
through Agency Liang
本书译文由远流出版公司授权使用

出 品 人：	王维良
出版发行：	北方联合出版传媒（集团）股份有限公司
	万卷出版有限责任公司
	（地址：沈阳市和平区十一纬路 29 号　邮编：110003）
印 刷 者：	艺堂印刷（天津）有限公司
经 销 者：	全国新华书店
幅面尺寸：	145mm×210mm
字　　数：	120 千字
印　　张：	7
出版时间：	2023 年 2 月第 1 版
印刷时间：	2023 年 2 月第 1 次印刷
责任编辑：	张　莹
责任校对：	刘　洋
监　　制：	黄　利　万　夏
营销支持：	曹莉丽
版权支持：	王福娇
封面设计：	陈文德
装帧设计：	紫图装帧

ISBN 978-7-5470-6138-1
定　价：55.00 元
联系电话：024-23284090
传　真：024-23284448

常年法律顾问：王　伟　版权所有　侵权必究　举报电话：024-23284090
本书如有印装质量问题，请致电：010-64360026